Lk⁷ 580

LETTRES

EN FORME

DE

DISSERTATION

SUR

L'ANCIENNETE'

de la Ville d'Autun, &
fur l'origine de celle de
Dijon.

A DIJON,

Par J. RESSAYRE, feul Imprimeur &
Libraire ordinaire du Roy.

MDCCX.

Avec Permiffion.

AV LECTEVR.

Uelques contesta-
tions literaires s'ê-
tant émûes entre
Mr. . . . qui pré-
tend que la Ville de Beaune est la Bibracté dont César parle si avantageuse-
ment dans ses Commen-
taires ; & moi qui soû-
tiens, que cette même Bi-
bracté d'autrefois est la
Ville d'Autun, que nous
voyons aujourd'hui, m'ont

porté à mettre mon opi-
nion par écrit, & de l'é-
tablir par des preuves que
l'on ne peut avoir, ce me
femble, dans le parti con-
traire : L'amour de la patrie nous a tous deux ani-
més ; Mr... eſt né à Beaune ; Autun eſt la Ville de
mon origine ; on pourra
nous loûer l'un & l'autre
de nôtre émulation, mais
j'oſerois me promettre (ſi
Céſar pouvoit revenir de
l'autre monde) qu'il diroit
que j'ai véritablement connu les lieux dont il a voulu parler, & que je l'ai ſuivi auſſi exactement que ſi
j'avois été dans ſon Armée.

Aprez avoir écrit de l'ancienneté de la Ville d'Autun Capitale de l'Autunois d'aujourd'hui , ou des Eduens qui s'étendoient bien davantage du têms de Céſar , & dont la même Ville portoit alors le nom de Bibracté depuis ſon établiſſement juſqu'à ce que dans l'envie de faire ſa cour à Auguſte , elle jugea à propos de quitter ce premier nom pour prendre celui d'*Auguſtodunum* : Je croirois avoir un reproche à me faire , ſi ayant parlé du lieu de mon origine je ne diſois rien de la Ville de Dijon où j'ai pris naiſſance.

C'eſt ce qui m'a fait re-
chercher l'origine de cette
Capitale du Duché de
Bourgogne , ſur laquelle
on n'avoit pas juſques ici
fait grande attention ; &
quoi qu'on ait vû briller
quelques étincelles dont la
lumiere pouvoit conduire
à la vérité ſi on l'avoit bien
ſuivie , on peut dire que
cette lumiere s'eſt éteinte
en chemin , & que le feu
n'en a pas été aſſez bien
entretenu pour aller juſ-
qu'à Céſar , qu'on peut re-
garder ſans trop de préven-
tion comme celui qui a
donné lieu à faire la Ville
de Dijon , en convertiſſant

en Ville le Camp que ſes Lieutenans établirent en cet endroit pour affermir la conquête qu'il avoit faite de la Gaule Celtique.

Ceux qui voudroient, pour ainſi dire, toucher au doigt les choſes, ſeront peut-être ſatisfaits des preuves qu'on tire des inſcriptions & des figures qui ont été trouvées à Dijon, & qu'on y trouveroit encore ſi on achevoit de démolir ce qui reſte de ces trente-trois tours, dont parle Gregoire de Tours dans la deſcription qu'il a faite de Dijon en ſon troiſiéme livre de l'Hiſtoire des

François article 19.

Mais ce font des anti-
quités qu'il faut refpecter;
& quand l'une de ces tours
qui refte encore en fon entier, n'auroit rien de ref-
pectable que d'avoir été
changée en une Chapelle
dédiée à Dieu, fous l'invocation de Saint Bénigne
l'Apôtre de Dijon, il faudroit la laiffer en l'état
qu'elle eft pour conferver
une fi prétieufe mémoire.

A MONSIEUR TAISAND

Conseiller du Roy, ancien Tréforier de France, & General des Finances en Bourgogne & Breſſe.

E ſuis ſurpris, Mon-
ſieur, qu'il y ait
des Gens ſçavans
dans l'Hiſtoire , &
dans la Geographie, qui puiſſent
croire que la Ville de Beaune
ait été la Bibraƈté, Ville Capitale des Eduens ou Autunois.

Pour moi, qui ſuis né dans
Dijon, mais de pere & de mere
Autunois, je vais prendre le

A

parti de mes ancêtres, & défendre l'antiquité d'Autun, en faisant voir qu'elle est bâtie en la même enceinte que la Bibracté dont César parle dans le premier & le septiéme livre de ses Commentaires, comme d'une Ville trez-considerable dans la Gaule Celtique, & la Capitale des Eduens; & que cette Ville est dans une situation plus occidentale de six ou sept liëues que n'est celle de Beaune.

Je ne puis mieux faire, ce me semble, pour réussir en mon dessein, que de suivre César qui est un trez bon guide; il a été plusieurs fois sur les lieux, & par conséquent il a connu parfaitement le Pays; d'ailleurs il est non seulement le plus habile Historien, mais encore le plus ancien qui ait parlé de Bibracté; & com-

me outre ces qualités , il étoit
un des plus grands Capitaines
qui ayent jamais été , je vais le
fuivre pas à pas , & marcher fous
fes étendarts , dans la confiance , que s'il battit les Suiffes ,
& les obligea de retourner en
leur Pays , & même d'y rétablir
des demeures au lieu de celles
qu'ils avoient brûlées , je vien-
drai aifément à bout des énemis d'Autun , qui veulent lui
ôter l'honneur d'avoir été la
Capitale des Eduens , & leur
impoferai la neceffité de retourner à la bonne opinion , & de
s'y fixer.

Céfar étoit pourvû du Gouvernement des Gaules lorfque
les Suiffes prirent la réfolution
d'abandonner leur Pays : Ces
peuples belliqueux le trouvoient trop refferré pour leur
courage , & trop étroit pour

leur multitude.

Orgetorix, le premier d'entr'eux en biens & en naiſſance, ne contribua pas peu à leur faire prendre ce parti ; il aſpiroit à la Royauté, & cherchoit à ſe rendre maître des Gaules ; dans cette vûe il conſeilla à ſes Compatriotes de s'y établir, & prit la commiſſion de faire les préparatifs néceſſaires à ce voyage ; deux ans y furent employés ; on ſe fournit de chariots & de bêtes de charge ; on ſema & on amaſſa de quoi faire ſubſiſter les Troupes.

Céſar averti de ces mouvemens, jugea bien que ſa preſence étoit néceſſaire dans les Gaules pour rompre le projet des Suiſſes ; les troubles qui s'éleverent alors parmi eux n'y mirent point obſtacle ; & aprez la mort de l'ambitieux Orgetorix, ils ne laissoient pas de continuer dans cette résolution, ayant à leur tête Numée & Verodoxe, deux des plus considerables de leur Nation, qui faisoient état de la conduire, & de l'établir dans la Xaintonge, l'un des meilleurs Pays qui fussent dans les Gaules.

César donc se rendit en diligence dans son Gouvernement, où ces deux Chefs accompagnés d'une nombreuse députation, vinrent au mois de Mars le prier de leur accorder passage par sa Province, sur la parole qu'ils lui donnoient de n'y faire aucun dégat : Ils avoient reconnu que de passer entre le lac de Geneve & le Mont-Jura pour entrer dans les Gaules, le chemin étoit si étroit qu'à peine on y pouvoit faire passer un chariot, & qu'il y avoit du péril qu'une partie de leur monde & des chariots ne periffent dans ce lac ; outre que cet endroit étoit commandé d'une haute montagne d'où l'on pouvoit les repouffer aifément, ce qui les détermina à prier Céfar de leur accorder le paffage par fa Province : Lui qui fçavoit leur deffein, & qui ne fe feroit pas accommodé de femblables voifins, parce que le Pays de la Xaintonge confine à celui de Touloufe, qui étoit de fa Province ; ayant dez fon arrivée fait rompre le pont de Geneve qui eft fur le Rône, les remit au 13 du mois fuivant pour leur rendre réponfe, ce qu'il ne fit que pour avoir le tèms d'affembler du monde ; car comme il n'avoit qu'une feule Légion, il fit lever des Troupes dans fa Province, &

quand elles l'eurent joint , il les
ocupa à tirer un retranchement,
long environ de cinq lieûes ,
compofé d'un mur haut de 16
piés,avec un large foffé & quelques fortifications qui occu-
poient depuis le lac de Geneve
jufqu'au Mont-Jura.

Les Suiffes vinrent au bout
du terme demander la réponfe
de Céfar , qui voyant fon retranchement en état , leur dit,
que ce n'êtoit pas la coûtume
des Romains d'acorder des paffages par leurs Terres , & que
s'ils vouloient les avoir de force , il les en empêcheroit : Les
Suiffes n'ayant donc plus à ef-
perer de paffage que par la
Franche-Comté , prirent leur
deffein de ce côtè-là ; & pendant qu'ils faifoient leur folli-
citation pour y réuffir ; Céfar
aprez avoir donné la garde de

son retranchement à Labienus, l'un de ses Lieutenans, s'en alla promptement en Lombardie, & jusques à Aquilée, d'où il ramena en hâte cinq Légions, qui jointes à celle qu'il avoit aux environs de son retranchement & aux Troupes de ses Alliés, lui faisoient une Armée de plus de quarante mile hommes.

Il fut traversé à son retour par les Habitans de la Tarentaise, ceux du val de Moriene, & par ceux d'Ambrun ; mais il en força les obstacles, passa à Exilles, entra dans le Dauphiné, & de là dans la Bresse : Et comme les Suisses étoient déja entrés dans la Gaule, ayant obtenu la permission de passer par la Franche-Comté, à la faveur de Dumnorix Autunois, qui par ses largesses & les alliances qu'il avoit dans la Comté avoit un grand crédit dans ce Pays là : César aprit par ses Coureurs que les trois quarts des Suisses étoient dans l'Autunois qu'ils ravageoient , faisant même dégat dans le Châlonnois & dans le Charollois , dont les Députés vinrent lui demander secours : Il lui parût honteux de souffrir qu'on désolât le Pays des Alliés du Peuple Romain à la vûe de son Armée, outre qu'il ne faloit pas attendre que l'ennemi fut dans la Xaintonge pour l'aller attaquer : Il part donc sur le minuit avec trois Légions, joint le reste des Suisses qui n'avoit pas encore passé la Sône sur les ponts de bâteaux qu'ils avoient faits ; & comme il les trouve embarrassés de bagage, il tombe sur eux, en tûe une grande partie, & contraint le reste de se sauver dans les bois.

Voilà un précis des Commentaires de Céfar pour ce qui regarde le paſſage des Suiſſes dans l'Autunois, l'une des plus confiderables parties de la Gaule Celtique.

Il s'agit à preſent de ſçavoir en quel endroit ils paſſerent la Sône ſur ces ponts de bâteaux dont on a parlé.

Céfar ne fait mention que d'une Riviere qui ſépare (dit-il) le Pays de l'Autunois de celui de la Franche-Comté, apellée la Sône, & ne fait paſſer aux Suiſ-ſes que cette ſeule Riviere.

Il y en a pourtant une autre aſſez grande, apellée le Doux, qui prend ſa ſource dans la Comté au pié du Mont-Jura, & coule juſqu'aux environs de la Vauge ; puis ſe replie, vient tomber à Beſançon, enſuite à Dole, & enfin dans la Sône au

confluant où se trouve la petite
Ville de Verdun ; César neanmoins ne parle pas de cette Riviere du Doux.

Il n'est donc pas à croire que
les Suisses, qui s'étoient rendus
sur les bords du Rône au haut
du lac de Geneve, & qui avoient
tenté plusieurs fois de passer
cette Riviere à gué & en bâteaux pendant la nuit & le jour,
d'où ils avoient toûjours été repoussés depuis que César leur
en eut refusé le passage, ayent
tenu un autre chemin que celui
qui conduisoit le long du retranchement que César avoit
fait construire pour aller du côté du Mont-Jura, afin d'y trouver une ouverture & passer par
là dans la Franche-Comté.

Et puisque César ne leur fait
point passer deux Rivieres pour
entrer chez les Autunois, il est

évident que cette Nation com-
pofée d'hommes, de femmes &
d'enfans, chargée de bagage &
de munitions marchoit lente-
ment, & qu'ayant traverfé le
Mont-Jura avec toute la diligence que ces embarras lui pouvoient permettre; ce fut aparament au premier paffage qui
fe trouva au deffus du retranchement de Céfar; ce fut auffi
au deffus du confluant de la
Sône, & du Doux, & même
au deffous de Châlon qu'elle
paffa la Sône pour entrer chez
les Autunois, ce qui répond en
droite ligne à l'ouverture que
les Suiffes trouverent dans le
Mont-Jura : Voilà la premiere
obfervation, & la premiere re-
marque qu'il faut faire pour
s'affurer de l'endroit où paf-
ferent les Suiffes ; car s'ils
avoient paffé plus haut que le

confluant, ils auroit paſſé deux Rivieres, & l'Hiſtorien ne leur en fait paſſer qu'une, qu'il fit lui-même paſſer à ſon Armée ainſi qu'on le verra par la ſuite.

La ſeconde obſervation eſt fondée ſur le même raiſonnement ; ſçavoir que les Suiſſes s'écartoient le moins qu'ils pouvoient du chemin qu'ils devoient tenir pour aller droit en Xaintonge ; comme leur plus droit & plus court chemin êtoit depuis Châlon de paſſer ſous Autun, le laiſſant à leur droite, ils s'en feroient écartés s'ils avoient été paſſer à Beaune.

La troiſiéme eſt, que les Peuples qui vinrent ſe plaindre à Céſar des incurſions des Suiſſes, & lui demander du ſecours, ce furent ceux d'Autun avec leurs Amis & Alliés, les Peuples du

Chalonnois & du Charollois ;
ceux du Dauphiné qui demeuroient par delà le Rône y vinrent aussi pour le même sujet:
Les premiers disant, qu'ils ne
pouvoient qu'à peine défendre
leurs Villes contre les violences
& le dégat que les Suisses leurs
faisoient ; & les derniers, qu'il
ne leur restoit que des campa-
gnes pillées & désertes.

On sçait où les Peuples que
César apellle *Ambarri* & *Allobroges ultra Rodanum*, sont si-
tués ; les deux premiers aux environs de Châlon & de Charo-
les au dessous d'Autun, à neuf
ou dix lieües, & à dix-huit
lieües de Beaune ; & que par
les Allobroges qui avoient leur
demeure par delà le Rône par
raport aux lieux où César avoit
son Armée ne peuvent être que
ceux de la Bresse au dessous de

la Ville de Bourg, & ceux du
Bugey & de Valromey qui font
encore plus éloignés de Beaune : On ne peut donc pas dire,
que ce font les Peuples voifins
de Beaune qui vinrent implorer
le fecours de Céfar, mais ceux
qui étoient voifins d'Autun, &
ceux qui demeuroient dans la
baffe Breffe.

La quatriéme obfervation
eft, que peu de tèms aprez que
Céfar fut entré dans la Breffe,
il ataqua ce refte des Suiffes qui
n'avoient pas encore paffé la
Sône, les bâtit, & les diffipa,
de maniere qu'ils furent con-
traints de fe fauver dans les
bois.

Cette ataque qui fe fit en de-
çà de la Sône (je parle encore
par raport à l'Armée de Céfar)
ne pût fe faire qu'au deffous
de Châlon, puifque les Allo-

broges, qui en cette occafion ne peuvent être que les Peuples de la baffe Breffe, & ceux du Bugey & Valromey, fouffroient du dégat des Suiffes; par confequent cela fe paffa en un endroit bien plus éloigné de la Ville de Beaune que de celle d'Autun.

Toutes ces conjectures qui tiennent fort de la démonftration, tendent à faire connoître que la Bibracté dont il eft parlé dans Céfar, ne pouvoit être fituée où fe trouve la Ville de Beaune, ni dans fes environs; mais des mêmes Commentaires de Céfar, je tire d'autres preuves encore auffi convaincantes.

Il dit, que les Suiffes furpris de voir qu'il avoit fait paffer la Sône à fon Armée en un jour, & qu'eux ne l'avoient pû paffer que

que les trois quarts de ce qu'ils
êtoient en vingt jours, lui en-
voyerent des Députés, à la tête desquels êtoit Divicon, qui
demanda à Céſar de les recevoir
en l'alliance des Romains, &
qu'ils s'êtabliroient où il lui
plairoit : Céſar ne rejetant pas
ces propoſitions, leur demanda des ôtages pour la ſûreté de
leur parole, & qu'ils euſſent à
réparer le tort qu'ils avoient
fait aux Alliés des Romains ;
mais Divicon ne s'acommo-
dant pas de pareilles propoſitions, décampa dez le lende-
main, ce qui obligea Céſar de
le ſuivre ; & comme ſa cavalerie s'engagea de trop prez avec
l'arrieregarde des Suiſſes, ceux-
ci batirent avec cinq cents hommes de cavalerie les 4000 que
les Alliés avoient amenés dans
l'Armée de Céſar, ce qui les

B

rendit fi fiers qu'ils s'arrêterent
fouvent pour faire tête : Tan-
dis que Céfar fe contentoit de
les empêcher de continuer leur
chemin & leur pillage , & de
faire du défordre chez les Autunois , il les fuivit même de
fi prez que leur arrieregarde
& fon avantgarde n'êtoient
qu'à une lieûe & demie l'une
de l'autre , ce qui produifit de
part & d'autre de fréquentes
efcarmouches pendant les 15
jours que dura la marche : Et
comme on s'éloignoit de la Sône, & que Céfar (à ce qu'il dit)
ne pouvoit fe fervir des blés
qu'il avoit mis fur cette Riviere pour les faire diftribuer à fon
Armée , il ne ceffoit d'en demander à ceux d'Autun qui lui
en avoient promis , mais qui
ne lui tenoient point leur pro-
meffe fous plufieurs mauvais

prétextes ; alors César ayant
apris que l'ennemi êtoit campé
à deux lieûes de lui au pié d'une
montagne sur laquelle on pouvoit monter aisément, à ce qu'on
lui raporta, il donna ordre à Labienus de s'en saisir avec deux
Légions , & de s'y camper pendant que César en gagneroit
secrettement les avenûes avec le
reste de l'Armée , ce qu'il fit en
effet sans que les Suisses s'en a-
perçûssent; mais parce que Con-
sidius qui prit les troupes de Labienus pour celles de l'ennemi,
vint dire à César que les Suisses s'êtoient emparés de cette
montagne , & qu'il y avoit vû
& reconnu leurs Enseignes :
César qui ne vouloit donner
que dans le tèms que Labienus
en pourroit faire de même de
son côté , ainsi que la chose
avoit êté réglée , se retira sur

une éminence d'où il connut
lorfque le jour parut, que Con-
fidius s'êtoit trompé, & que
les ennemis avoient décampé ;
auffitôt il les fuivit & fe cam-
pa à trois quarts de lieûes d'eux,
& parce qu'il falloit dans deux
jours diftribuer le blé aux Soldats, & qu'il n'êtoit qu'à quatre ou cinq lieûes d'une Ville
qu'il nomme ici Bibracté, il
crut qu'il falloit avoir foin des
vivres, & quitta l'ennemi pour
tirer à Bibracté : Les Suiffes
l'ayant apris par des déferteurs
qui s'êtoient rendus à eux,
tournèrent tout court fur fon
arrieregarde ; auffitôt il rangea
fon Armée en bataille, renvoya
fa cavalerie, & fon cheval même pour faire connoître aux
foldats qu'il vouloit courir la
même fortune qu'eux, & qu'enfin il faloit vaincre ou mourir:

On combatit depuis une heure
aprez midi jufqu'à la nuit , fans
qu'on eut vû aucun Suiffe tourner le dos : Et comme Céfar
aprez une affez longue réfiftan-
ce les pourfuivoit vivement, ils
gagnerent le haut d'une montagne. en reculant , & virent
depuis cette hauteur qu'une
partie de leur gens qui n'a-
voient pas encore combatu,
avoient pris l'Armée de Céfar
en flanc , ce qui leur fit prendre la réfolution de retourner
au combat ; & obligea Cé-
far de faire face à deux Armées,
pour ainfi dire, mais fe confiant
entierement à fa valeur & à fa
fortune , il batit les énemis,
dont il ne refta que cent trente
mile de prez de 300000 qui
avoient paffé la Sône;il prit tout
leur bagage , pilla leur camp ;
& ayant fçû que les cent trente

mile hommes avoient marché toute la nuit & qu'ils étoient arrivés le quatriéme jour dans le Pays des Langrois, il écrivit à ceux de Langres de ne donner aucun secours aux Suisses, sinon qu'il les traiteroit en ennemis : Puis aprez avoir employé trois jours à faire penser les blessés & enterrer les morts, il se mit à poursuivre les Suisses ; & par un Traité fait avec eux, qu'ils executerent fidelement, il les obligea de retourner en leur Pays & d'y rétablir leurs maisons.

Que conclure de tout ce récit ? plusieurs choses convaincantes pour l'opinion que je soûtiens.

Premierement, que si Beaune avoit été la Bibracté de César, & la Ville où il avoit dessein d'aller prendre du blé lorsque les Suiſſes ayant ataqué ſon arrieregarde, l'obligerent à tourner tête , & le déterminerent à les combatre , il n'auroit pas dit, qu'il ne pouvoit ſe ſervir des blés qu'il avoit mis ſur la Sône en pourſuivant les Suiſſes, *puiſque ces blés en remontant cette Riviere s'aprochoient de la Ville de Beaune, qui n'en eſt qu'à trois lieûes ; au lieu que Céſar marchant droit à Autun, qui étoit Bibraƈté , & tenant le même chemin que tenoient les Suiſſes qu'il ne vouloit pas quiter de vûe , à ce qu'il dit , il avoit raiſon de dire qu'il s'éloignoit de ſon blé , puiſque la Sône eſt à dix lieûes d'Autun.

Secondement , en faiſant aller les Suiſſes du côté de Beaune , & Céſar voulant aller en la

---

* *Eo autem frumento quod flumine arare navibus ſubvexerat , propterà minus uti poterat quod iter quod ab arare Helvetii averterent , à quibus diſcedere nolebat.*

même Ville , fupofé qu'elle fut
Bibraſté , pour y prendre les
blés qu'il vouloit diftribuer
dans deux jours à fon Armée;
ce que Céfar raporte ne pourroit s'accorder avec la fituation
des lieux , lui qui les connoif-
foit fi bien, parce qu'il dit, que
les Suiffes marcherent quinze
jours & qu'il les fuivit toûjours
en fe harcelant ; & qu'enfin ,
ils n'êtoient les uns & les autres qu'à quatre ou cinq lieûes
de Bibraſté , qui eft la Ville où
il vouloit aller pour y prendre
du blé lorfque le combat où il
les défit fe donna , aprez lequel
ils fe retirerent dans le Pays des
Langrois : Vous remarquerez,
Monsieur , que ces Armées
partant des environs de Châlon & marchant quinze jours
de fuite du côté de Beaune , &
que n'y ayant que cinq lieûes de
Châlon

Châlon à Beaune, quand elles n'auroient fait qu'une lieûe par jour, & il y a aparence qu'elles n'en faisoient guere plus, puisqu'elles se harceloient continuellement ; elles se seroient trouvées à plus de dix lieûes par delà Beaune, pour remplir les quinze jours de marche dont parle César ; cependant ces Armées n'étoient qu'à quatre ou cinq lieûes de Bibracté quand les Suisses furent défaits dans ce dernier combat ; on ne peut donc pas dire que Beaune fût Bibracté.

Une troisiéme raison est, que faisant marcher les Armées depuis Châlon à Autun, qui en est éloigné de dix lieûes, & remplissant les 15 jours qu'elles marcherent, se suivant de prez, on les trouvera juste à quatre ou cinq lieûes par delà Autun,

C

qui eft l'éloignement que Céfar dit qu'il y avoit de Bibracté
au lieu où il donna la bataille,
& par confequent l'Autun d'aujourd'hui eft la même Ville que
la Bibracté dont parle César ;
& les Suiffes en tenant ce chemin tenoient le plus droit & le
plus court qui les conduifit en
Xaintongé : Que fi on veut faire monter ces Armées de Châlon à Beaune, à quoi on em-
ploya cinq jours, & qu'on les
faffe defcendre pendant 10 jours
fortant de Beaune pour tirer
au chemin de la Xaintongé,
on les trouvera encore jufte-
ment à quatre ou cinq lieûes
d'Autun, & dans l'endroit où
fut donné le combat qui défit
prefque entierement les Suiffes;
& comme le lieu du combat
n'êtoit qu'à cinq lieûes de Bibracté, on conclura qu'Autun

qui eſt dans la poſition de Bibracté étoit véritablement la
Bibracté dont parle Céſar.

Il s'agit à preſent de juſtifier
les quatre jours de marche des
Suiſſes battus allant dans le
Pays des Langrois.

La peur leur donna ſans doute de fortes aîles , & quand Céſar qui les avoit ſoulagés d'un
peſant fardeau par la priſe de
tout leur bagage, & le pillage de leur camp, ajoûte qu'ils
marcherent toute la nuit ſans
ſe repoſer ; que le quatriéme
jour ils entrerent dans le Pays
des Langrois, qui n'eſt éloigné que de dix-huit lieûes de
l'endroit du combat ; on ne
jugera point que des gens qui
n'avoient plus que leurs per-
ſonnes à porter, ayent eu bien
de la peine à faire dix-huit lieûes
en une nuit où ils en firent

plus de cinq ou six , & le reste en trois jours.

Aprez toutes ces réflexions, je parlerai de Bibracté pendant son Paganisme , & puis de Bibracté Chrêtienne , mais toûjours dans la vûe de faire connoître qu'Autun d'aujourd'hui est la Bibracté d'autrefois.

II. PARTIE. AUtun la Bibracté dont parle César, ayant voulu faire sa cour à Auguste, lorsque les soixante principaux Peuples de la Gaule lui firent bâtir * un Temple dans la Ville de Lyon, où chacun fit mettre une figure, par laquelle ce Peuple êtoit representé, comme pour être toûjours sous les yeux de la

* *Templum ab omnibus communi Sententiâ Gallis Decretum Cæsari Augusto in hac Urbe ad concursum fluviorum est positum, aram habet hoc memorabilem, cum inscriptione gentium ex numero, & imaginem singulorum Strabo rerum Geographicarum lib. 4.*

Divinité à qui on avoit érigé ce Temple : Bibracté, dis-je, changea son premier nom en celui d'*Augustodunum* par un dévoûement plus entier ; & parce que *dun* en langue Celtique, veut dire coline, qu'Autun est bâti en partie sur une coline adossée à une haute montagne, elle ne voulut plus se nommer que la Coline d'Auguste.

Quant à sa fondation, elle est si ancienne qu'il ne manque pas de gens qui disent, que Samotes en fut le fondateur ; or ce Samotes êtoit fils de Japhet, & Japhet l'êtoit de Noé ; & tout cela n'est pas sans quelque fondement, si on considere la situation d'Autun, car Samotes ayant oûi raconter à Noé son ayeul, ou à Japhet son pere, la funeste avanture

du genre humain dans le déluge univerſel, & ne ſe ſouvenant
pas que Dieu avoit promis à
Noé & à ſes fils, qu'il n'inon-
deroit jamais la terre, & que
pour aſſurance de ſa promeſſe
il avoit mis ſon arc dans les
nûes ; mais ne lui étant reſté
dans l'idée que l'afreuſe image
du déluge, il crût qu'il faloit
bâtir une Ville ſur un lieu élevé
pour ſe parer d'une inonda-
tion, s'il en arrivoit encore.

Je ne vous donne pas cette
fondation pour vraie ni pour
hiſtorique ; mais ſans recourir
à des tèms ſi obſcurs, ni à une
ſi grande antiquité, j'aurai aſſez
de preuves à vous donner par
des Hiſtoires fideles, que Bibracté eſt d'une fondation ſi ancienne qu'on n'en ſçait pas les
commancemens.

Samotes ou un autre, quel

qu'il foit, affit une Ville fur la colline dont j'ai parlé, ou fur le milieu de la pante d'une haute montagne, occupant un efpace de plus de deux lieües en circuit, y compris la pante qui eft bornée au feptentrion par la riviere d'Arroux, & l'on bâtiroit une Ville entre les anciens murs d'Autun, & ceux qui la ferment aujourd'hui du côté du levant, plus grande que celle que nous voyons.

Cette ancienne Ville êtoit fi fpacieufe, qu'au raport de Tacite, toute la Nobleffe des Gaules y avoit fon Ecole pour les belles Lettres, & pour les autres exercices de la Jeuneffe: Et comme Sacrovir s'en empara dans la révolte des Gaules qui arriva fous l'Empereur Tybere, il y leva des troupes au nombre prefque de quarante mile hommes qu'il arma des armes qu'il avoit fait faire secrettement. *

Quand on ne voudroit juger de son antiquité que par ses anciens murs, on en seroit convaincu par ce qu'en dit Ammian Marcelin qui vivoit dans le troisiéme siécle, voici comme il en parle au quinziéme livre de son Histoire. *Lugdunensem primam Lugdunus ornat, & Cabillones, & Senones, & Bituriga, & mœnium Augustoduni magnitudo vetusta.*

Vous voyez, MONSIEUR, qu'il dit, qu'Autun, que l'on sçait n'avoir eu ce nom d'*Augustodunum* que depuis Augus-

---

* *Augustodunum caput gentis, armatis cohortibus Sacrovir occupaverat, nobilissimam Galliarum sobolem liberalibus studiis ibi operatam, ut eo pignore, parentes propinquosque eorum adjungeret, simul arma occultè fabricata juventuti dispertit, quadraginta millia fuere quinta sui parte, &c. Tacit. lib. 3. annal.*

te, avoit une trez-grande enceinte, *mœnium magnitudo ve-
tufta*, & que fes murs en étoient
bien anciens.

Cela va être confirmé encore plus fortement par un paſſage du ſeiziéme livre de l'Hiſtoire du même Auteur, lorſqu'il
parle de l'Empereur Julien :
*Agens itaquè negotioſam hie-
mem apud oppidum antedictum,
inter rumores qui volitabant aſſi-
dui, comperit Auguſtoduni civi-
tatis antiquos muros ſpatioſi quidem ambitus, ſed carie vetuſtatis invalidos, barbarorum impe-
tu repentino inceſſos*, &c. Cet
Auteur ne dit pas ici feulement
qu'Autun eſt une Ville ancienne & ſpacieuſe, mais que ſes
murs ne valoient plus rien,
parce qu'ils étoient corrompus
par la vielleſſe ; d'où l'on conclura aiſément, que ſi ces murs

dont on voit des |maſſes lon-
gues de vingt & trente piés ſur
une épaiſſeur de douze ou quinze renverſés par terre ſur leur
fondement , quoique bâtis ſim-
plement de moëlons , ſubſiſter
encore dans nôtre tèms , dont
les pierres ſont ſi attachées les
unes aux autres par le mortier
qui les lie , qu'on ne peut les
ſéparer avec le pic ; il faloit que
ces murs euſſent été bâtis il y
avoit bien des ſiécles , pour
avoir donné lieu à cet Hiſtorien de dire, que Julien les avoit
trouvés corrompus & cariés de
vielleſſe , *carie vetuſtatis invalidos.*

Je ſçai bien qu'on pourroit
dire pour expliquer cette carie
ou pourriture , qu'il y avoit
peut-être des poutres engagées
dans ces murs pour les rendre
plus inebranlables aux coups

de belier dont on les battoit
dans les fiéges ; & que Céfar fe
fait, pour ainfi dire, un plai-
fir de décrire ces murs faits de
poutres, dont les deux bouts
paroiffoient aux deux paremens
des murs, & les entredeux
êtoient remplis de pierres & de
mortier, & qu'ainfi les murs
des Villes êtoient fujets à fe
pourrir, parce que les poutres
pourriffoient ; mais je ne me
fouviens pas que les murs de
Bibracté fuffent bâtis de la forte, car on n'y voit point de
trous où il y ait eu des poutres.

Autun a encore deux de fes
anciennes portes auffi belles,
auffi magnifiques qu'on en
voie, & qui furent dignes de
la curiofité de Monfieur Col-
bert qui êtoit Controlleur General des Finances & Intendant
des bâtimens du Roy, puifque

lorſqu'on voulut élever les portes neuves de Paris , il envoya
à Autun le Sieur Thevenot habile Architecte pour en exami-
ner les portes & la maniere dont
elles ſont bâties : Moreri les
veut faire paſſer pour des arcs
de Triomphe , mais on n'y voit
ni inſcriptions , ni reliefs qui
faſſent connoître à l'honneur
de qui ils auroient été dreſſés,

Et comment ſeroit-ce des arcs
de Triomphes? puiſque ces portes ſont des conſtructions bien
plus anciennes que la fondation de Rome , & que les premiers arcs de Triomphe qui
ayent été faits par les Romains,
qui en ſont les inventeurs , en
ce qui eſt de les bâtir de pierres,
ont été dreſſés à l'honneur de
Céſar Auguſte.

Comme le Paganiſme a regné
bien long-tèms dans les Gaules,

& que les Payens fe faifoient des divinités de toutes chofes, croyant fur tout que chaque lieu diftingué comme eft une Ville capitale, avoit fa Divinité, les Peuples de cette Ville fe firent une *Dea Bibraété*, parce qu'elle étoit fituée fur une montagne fendûe, & que le mot *Bibraété* en langue Celtique, & qui eft encore en ufage chez les Allemans pour la même fignification, veut dire *Bifraétus*, ainfi que l'a remarqué le R. Pere Lempereur Jefuite, auffi éloquent Prédicateur qu'il eft fçavant Antiquaire, dans la differtation qu'il a faite à ce fujet.

Ce qui apuye encore fortement qu'Autun d'aujourd'hui eft la Bibraété de Céfar, c'eft qu'on y voit la moitié des jambes & les deux piés de la *Dea Bibraété*, qui portent fur un

zocle de deux pouces dépaiſ-
ſeur, & que dans le pié deſtail
qui ſoûtenoit cette figure, on
lit en trez-beaux caractere,
Dea Bibraƈti, & ces reſtes furent
trouvés dans une démolition
que fit faire il y a quelques années Meſſire Gabriel de Roquet-
te Evêque d'Autun, pour ap-
planir le ſol du jardin du Sé-
minaire qu'il a fait bâtir, où ce
marbre eſt reſté, mais ſi mal
conſervé qu'il eſt tombé en
poudre quand on l'a voulu re-
muer.

Nous en avons ici un de prez
d'un pié en quarré avec l'inſcrip-
tion *Dea Bibraƈti ſignatum,* comme la pierre eſt rompûe à l'endroit où commance ce dernier
mot; je penſe qu'il y avoit *aſſig-*
natum, pour dire, dédié, dévoué,
conſacré ; & ce marbre qui
êtoit à Autun fut aporté ici à

38

DEAE
BIBRACTI
SIGNATVM

DEAE BIBRACTI
[...]
[...]
V·S·L·M·

Monsieur Jaques - Augufte de Chevanes, fçavant Avocat, qui le mit dans fa riche biblioteque qui a paffé à Monfieur Thomas Confeiller au Parlement fon heritier.

Monfieur Moreau de Mantour Auditeur en la Chambre des Comptes de Paris, connu par fes Poëfies Françoifes, par les pieces d'érudition qu'il a produites depuis qu'il eft de l'Academie des Médailles & Infcriptions, & par les curiofités qu'il a dans fon cabinet, a une plaque ronde de bronze de fept pouces de diamétre qui lui a été aportée d'Autun, fur laquelle on voit des lettres gravés en creux, contenant cette infcription, *Deæ Bibracti P. Capril. pacatus* [īīī] *Vir Augufta. V. S. L. M.*

D'où vient que ces marbres

& ces bronzes se trouvent à Autun & non pas à Beaune ?

On voit au bas des murs d'Autun, & proche la riviere d'Arroux, deux faces d'un Temple
quarré qui étoit dédié à Janus,
on y voit encore six fenêtres,
qui font la moitié des douze
qui representoient les douze
mois de l'année.

Il y a un Temple rond qui
joint l'une des deux portes dont
j'ai parlé, duquel on a fait
une Eglise sous l'invocation de
Saint André ; le Temple qui
étoit dédié à Diane sert aujourd'hui de cuisine à l'Abaye
de Saint Andoche : On trouve
encore un reste de theatre ou
circ à Autun, car cette Ville
se conformoit en tout aux usa-
ges des Romains, depuis qu'elle fut leur alliée ; à côté de la
Ville

Ville entre l'orient & le midi,
il reste une piramide de moël-
lons, dont la couverture qui
êtoit de marbre en a été enle-
vée, laquelle vraisemblablement
a servi à la sépulture de quelque grand Seigneur.

On sçait assez de quel usage
êtoient les piramides d'Egypte,
à quoi a servi celle de Cestius
qu'on voit à Rome; ainsi il n'y a
pas lieu de douter que celle
d'Autun ne soit une sépulture;
car de croire que c'êtoit un fanal
pour éclairer ceux qui venoient
de Lyon & de Châlon à Autun,
il n'y a aucune aparence, comme quelques-uns l'ont crû, car
on ne voit aucun escalier pra-
tiqué dans cette piramide pour
monter à sa pointe, & y aller
allumer les feux, ce qu'on voit
pourtant dans tous les fanaux
élevés.

D

Revenons donc à nôtre premiere penſée, c'eſt à dire, que
cette piramide a ſervi de tombeau, auſſi eſt-elle dans un
champ qu'on apelle le champ
des urnes, parce qu'on y a trouvé des inſcriptions de ſepultu-
res, des urnes de terre cuite
propres à enfermer les cendres
des corps qu'on brûloit, des
lacrimatoires de verre dans leſ-
quelles on recevoit les larmes
de ceux qui pleuroient les
morts ; il y en a encore pluſieurs dans la même biblioté-
que de Monſieur de Chevanes.

Voilà les reſtes d'une trez-
grande Ville qui paroiſſent encore, & aprez les paſſages
d'Ammian Marcelin, vous ne
doutés pas qu'elle ne ſoit trez-
ancienne ; il l'apelle *Auguſtodu-*
num, & on ſçait qu'elle fut ainſi
apellée pour les raiſons que

nous avons dites.

Je prie à preſent ceux qui veulent que Beaune ſoit la Bibraƈté de Céſar, de nous dire comment Autun, cette Ville ancienne avec tous les monumens & la grande enceinte qui nous en reſtent, ſe nommoit avant qu'on la nommât *Auguſtodunum*.

Elle n'a conſtament ce dernier nom que depuis Auguſte, cependant elle eſt bâtie, peut-être plus de deux mile ans avant qu'il régnat. Céſar parle dans ſes Commentaires de Bibraƈté comme d'une trez-grande Ville ; ſi Bibraƈté n'eſt pas Autun, mais la Ville de Beaune, comment cette grande Ville, dont parle Céſar, avoit-elle nom ? Si Beaune eſt Bibraƈté, elle a dû être une trez-grande Ville & capitale des Eduens, avec laquelle

les Romains avoient fait alliances par plusieurs Decrets du Sénat, ainsi que disent César &
Tacite aprez lui; où sont les
restes magnifiques de cette
grande Ville ? où sont ses Temples, son circ, son enceinte &
ses portes ? on ne voit rien de
tout cela à Beaune, pas même
les moindres vestiges d'antiquité, cependant elle êtoit la
trez grande Ville dont parle
César, à ce que disent ses défenseurs ; & cette autre Ville
dont il reste tant d'anciens
monumens à Autun n'avoit
point de nom : Le Souverain
Magistrat des Eduens êtoit
apellé Vergobretus, à ce que
dit César ; & aprez l'espace de
dix-huit siécles, ce mot de Vergobret s'est encore conservé
dans Autun pour y nommer le
Maire. Pourquoi si Beaune est

l'ancienne Bibracté n'a-t'elle pas conservé ce nom pour nommer celui qui fait la fonction de Maire? Pourquoi ne le pas revendiquer contre l'usurpation qu'en a fait la Ville d'Autun?

On sçait ce que les Druides étoient chez les Gaulois, ils étoient leurs Philosophes, leurs Juges, leurs Prêtres, c'étoit eux qui élisoient se Souverain Magistrat qui faisoit sa demeure ordinaire dans Bibracté; quant à la leur, ils l'avoient prez d'une montagne couverte de bois qui est à une demie lieüe d'Autun qui se nomme aujourd'hui Mondru, comme si on disoit *Monsdruidarum.*

Pourquoi n'avoient-ils pas leur demeure aux environs de Beaune? Pourquoi ne l'y voit-on pas encore? les montagnes ne changent point de place.

Peut-on encore demander pourquoi Beaune ne se nomme pas *Augustodunum*, puisqu'elle êtoit Bibracté ? car Bibracté changea son nom pour prendre celui d'*Augustodunum*.

Je vois bien la raison de tout, les preuves qui manquent à la Ville de Beaune, c'est que Beaune êtoit si peu Bibracté qu'elle n'êtoit pas une Ville du tèms de Jules Céfar ; car Strabon dans son quatriéme livre parle de Bibracté & de *Cabillonum*: Ptolomée d'*Augustodunum* & de *Cabillonum*, Beaune n'est pas certainement la Ville qu'on nomme *Augustodunum*, elle n'est donc pas Bibracté ; car Bibracté & *Augustodunum* font les noms differents de la même Ville.

Monsieur Samson qui a fait la carte de l'ancienne Gaule

n'y a point mis de Ville dans la
situation où est Beaune ; seroit-
ce oubli ou malice qui l'eussent
empêché de placer cette Ville?
non, c'est qu'elle n'étoit pas,
& qu'il ne pouvoit lui donner
un nom, à moins que de l'in-
venter & de bâtir cette Ville en
imagination.

Donnons à présent l'être à
la Ville de Beaune, & parlons
de son origine, puisque nous
ne pouvons souffrir qu'elle soit
la Bibracté de César ; consul-
tons Monsieur André du Chesne dans ses antiquités & recher-
ches des Villes, Châteaux &
places plus remarquables de
France, partie seconde.

La Ville de Beaune (dit-il)a
été prise par quelques-uns pour
cette ancienne Bibracté capitale
des Eduens, de laquelle César
fait tant de mention ; mais je

crois selon même ce que témoignent les vieux Auteurs, qu'elle eſt ſœur d'origine de la Ville de Dijon , & que l'Empereur Aurelien y trouvant les faveurs & les délices de la nature aux eaux douces , vives , perpétuelles , il en jeta auſſi les premiers fondemens.

Si on n'avoit pas des preuves que Dijon fut rétabli du tèms de Marc Aurele , on demeureroit d'accord de tout ce qu'a dit Monſieur du Cheſne; mais ſi Beaune n'eſt que du tèms de l'Empereur Aurelien , Dijon ſe prétend ſon aînée de plus de cent ſoixante ans , pour ne rien dire de plus.

III. PARTIE. VOus ſçavez , MONSIEUR , que la diviſion que Céſar Auguſte fit des Peuples qui habitoient les Gaules , en cinq
Lyonoiſes

Lyonoiſes ; deux Belgiques ;
deux Germaniques ; cinq Vie-
noiſes, & trois Aquitaines, fut
preſque ſuivie en tout, pour l'é-
tendûe & le diſtric des Archevêchés & Evêchés qui y furent
établis depuis le Chriſtianiſme,
& qu'on en choiſit les Villes
les plus conſiderables pour y
placer des Primats, qui auroient
pour ſuffragans les Evêques qui
avoient leurs Siéges dans les autres Villes qui ſe trouvoient
dans ces Primaties, ou dans ces
Archevêchés , & qui étoient
conſiderables par leur ancienneté & par leur grandeur.

Ces deux qualités auroient
dû faire préferer Autun à Lyon;
mais parce que Lyon étoit une
colonie des Romains , qui ai-
moient toûjours par préferen-
ce leurs ouvrages , & que d'ailleurs l'heureuſe ſituation de

Lyon qui se nommoit l'Isle de
son premier nom, à cause qu'elle est enfermée entre le Rône
& la Sône, y fit transporter
tout le commerce, elle fut bien
tôt agrandie & extrémement
peuplée, & dans cet état, elle
devint bien plus susceptible de
l'établissement d'une Primatie
qu'Autun.

Cela présuposé comme une
chose qui ne souffre point de
doute, comment la Ville de
Beaune, si elle est Ville ancienne & considerable, si elle a été
cette fameuse Bibracté, n'est-
elle pas le Siége d'un des Evêques suffragans de la premiere
Lyonoise? est-ce oubli? est-ce
mépris? ce n'est rien de tout
cela, c'est que Beaune n'étoit
pas une Ville distinguée dans
l'étendûe de cette Primatie, &
qu'à peine la connoissoit-on

dans le troifiéme fiécle.

Monfieur Adrien de Valois n'en parle dans le livre qu'il a compofé fous le titre de *notitia Galliarum*, que comme d'une petite Ville qu'on ne découvre que dans les croniques des Monafteres de Bourgogne : *Belni, dit-il, in chronicis Monafteriorum Burgundiæ præfertim Divionenfis, feu Sancti Benigni, & Befuenfis fieri mentionem video : quod Caftrum Belnum plerumque appellatur, non numquam & Belna, fed rarius, nunc eft oppidum in Æduorum finibus pofitum, ac in Diœcefi Cabillonenfi non procul à fluvio arari, & vulgò dicitur* Beaune.

Comment a-t'il pû échaper à Monfieur de Valois, de dire, que Beaune eft dans le Diocefe de Châlon, puifqu'il eft trez-vrai qu'elle eft du Diocefe d'Autun?

Cette Ville de Beaune n'a
donc pas été affez ancienne ni
affez confiderable pour avoir
été érigée en Siége Epifcopal,
j'en ai dit la raifon , c'eft qu'on
ne mettoit ces Siéges que dans
les Villes les plus confiderables,& les plus peuplées,afin de
pouvoir par ce moyen établir
plus aifément la Religion Chré-
tienne par le plus grand nombre de perfonnes qui l'enten-
doient prefcher dans les grandes Villes , & pour y maintenir
plus aifément ceux qui avoient
eu le bonheur de l'embraffer ,
& que l'Evêque qui eft l'œil de
fon Diocefe, eût fon plus grand
troupeau fous fes yeux.

On conclura de là , qu'Autun tout diminué qu'il étoit de
fa premiere fplendeur , avoit
encore dans le monde un plus
grand relief que Beaune n'y

avoit pas ; & qu'enfin Autun ayant encore tant de marques de fa grandeur ancienne , êtoit infailliblement la Bibraché dont Céfar & Strabon ont parlé ; que fes murs , fes portes , fes Temples , fon theatre ou circ, & fes pavés d'une grandeur & groffeur prodigieufes periront feulement ,

Exitio terras cum dabit una dies.

Je ne croyois pas, Monsieur, conduire mon idée plus loin que la fin des fiécles; mais comme vous m'avez reprefenté les perfonnes , qui tiennent que Beaune eft Bibraché , fi obfti-nées dans leur opinion qu'elles ne s'en veulent point défifter, il me vient en penfée que fe prévalant de ce que Mr. de Va-lois a dit dans fa Notice des Gaules , parlant d'*Auguftodu-num Æduorum, quod vetus capi-*

ti Æduorum nomen extiterit,
antequam Augustodunum voca-
retur (Augustodunum autem
principatu Augusti vocari cœpit)
incertum est.

Samson Geographus regius Bi-
bracte, vel ut Strabo vocat Bi-
bracta à Celtis Gallis veteri no-
mine patriæ dictum esse existimat,
sed nullam conjectura sua aut si
mavis opinionis rationem reddit,
&c. Et parlant de Beaune, *at*
Orontius & Vigenerius Bibracte
Belnum interpretantur nullâ ra-
tione ducti : J'ai (dis-je) en la pensée, que les défenseurs de Beaune
auroient cette foible consola-
tion de dire, que si Beaune n'est
pas la Bibracté, Autun ne l'est
pas non plus , au sentiment
d'un si habile homme, & pour
ne les pas laisser joûir de ce
plaisir, j'ai à dire deux choses.

La premiere , que j'aurois

déja par devers moi l'aveu qu'ils feroient que Beaune n'eſt pas Bibracté.

La ſeconde, que Monſieur de Valois, dont on doit à la vérité reſpecter les ſentimens, ne nous met pas neanmoins dans la néceſſité de les ſuivre abſolument, & qu'à force d'érudition ce grand homme s'eſt jeté dans un pirroniſme à l'égard de Bibracté, parce qu'il n'a pas ſuivi Céſar pas à pas dans la pourſuite des Suiſſes.

On ne ſçait pas (dit il) le nom de la capitale des Eduens avant qu'*Auguſtodunum* ſe nommât *Auguſtodunum*, & Céſar ne dit pas que Bibracté fut la capitale de ce Pays-là.

Je ne répeterai pas ici ce que j'ai dit dans la premiere partie de cette diſſertation pour établir, ce me ſemble, fort nette-

ment, que la Ville d'Autun, que
Nous voyons aujourd'hui, eſt
l'ancienne Bibracté, & eſt bâtie dans ſon enceinte & fermée
en partie de ſes anciens murs;
mais je vous dirai que Céſar
parlant des Villes des Eduens,
ne fait guere mention que de
Bibracte, Cabillonum, Matiſco-
na, Noviodunum, & Decetia',
& on ne ſe perſuadera jamais
qu'il ait omis de parler d'une
Ville qui avoit eu un rang au
deſſus de celles-là, quoi qu'aparament il y en eût encore d'autres, dont l'une de ces Villes
êtoit la capitale des Eduens,
Peuples que Strabon avoit mal
placés entre le Doux & la Sône, ainſi que l'a remarqué Mr.
de Valois, au lieu que ces Peuples ſont bornés par la Sône,
l'Alier & la Loire.

Mais de laquelle de ces Vil-

les César a-t'il parlé comme
d'une grande Ville au premier
livre de ses Commentaires ? de
Bibracté sans doute, quand il dit,
*Et quod à Bibracte oppido Æduo-
rum longè maximo ac copiosissi-
mo non amplius millibus pas-
suum* 18 *aberat*, & au septiéme
livre , *Litavicum Bibracte ab
Æduis receptum quod est oppidum apud eos maxima autoritatis*, voilà de la maniere dont
il parle d'Autun.

Mais pourquoi l'apelle-t'il
oppidum maxima autoritatis, si
ce n'est parce qu'elle étoit la
capitale des Eduens , dans laquelle le Vergobret leur Souverain Magistrat, & leur Sénat
faisoient leur résidence ? Aussi
quand Lictavicus est arrivé à
Bibracté, le Vergobret, aujour-
d'hui Vierg , puisque *Vergobretus* en est aujourd'hui venu

à ce point de restriction , & le Sénat le vont trouver ; & aprez leur conference,ils dépêcherent vers l'ennemi pour traiter d'alliance avec lui.

Voyons à present de quelle façon il parle des Villes capitales des autres Etats de la Gaule dans son premier livre: *nunciatum est ei Ariovistum cum suis omnibus copiis ad occupandum Vesuntionem quod est oppidum maximum Sequanorum contendere.*

Au Septiéme , *quibus rebus confectis Cæsar ad oppidum Avaricum quod erat maximum , munitissimumque in finibus Biturigum , atque agri fertilissimi regione profectus est.*

Il faudroit transcrire une partie des Commentaires de César, si je voulois raporter les passages qui concernent toutes les

Villes capitales, qui feroient
toûjours femblables, car c'eft
toûjours *oppidum maximum,*
& copiofiffimum, maxima auto-
ritatis, ou quelque chofe qui
ne dit rien de plus.

Céfar parle donc de Bibracté
de la même maniere qu'il parle
de Befançon & de Bourges,
que Monfieur de Valois ne doute pas qui ne fuffent des capitales de leur Pays, & qui
font aujourd'hui des Métropo-
les; & s'il y a quelque diffe-
rence, elle eft à l'avantage
d'Autun ou Bibracté; car il en
augmente la grandeur & la
confideration par un *longe ma-*
ximum qu'il donne à Bibracté,
& qu'il ne donne à aucune des
autres capitales : Comment
aprez cela peut-on douter que
la capitale des Eduens fe nommât Bibracté,& ignorer le nom
de cette capitale ?

Le Pere Monet Jesuite, dans la Geographie *veteris & recentis Galliæ*, ne peut souffrir qu'on fasse deux Villes de Bibracté & d'*Augustodunum*, & voici comme il s'en explique : *Porro quin Augustodunum & Bibracte und eademque Urbs esset veterum dubitavit nemo. Qui verò nostra & patrum memoria fuerunt in alia sententia inanibus ac pœnè ridiculis dumtaxat conjecturis nituntur. Bibracte idemque Augustodunum, & Augusta Julia Æduorum, & Flavia, & Florentia, & Polia,* Autun.

Le Pere Labbe dans sa Geographie Royale chapitre 11 du 2 livre parle en ces termes, *Ædui sive hedui*, en la Duché de Bourgogne, dont la capitale du tèms de Jules César s'apelloit Bibracté, puis en faveur d'Auguste prit le nom d'*Au-*

guftodunum, qui lui eft demeu-
ré jufqu'à nos jours , Autun
pour *Auguftodun.*

L'Hiftorien Dupleix dans fes
Mémoires des Gaules eft du
fentiment qu'Autun eft Bi-
braĉté.

Monfieur Perrot d'Ablancourt
dans fa traduĉtion des Commentaires de Céfar, nomme Bi-
braĉté Autun ; il feroit inutile
de raporter les noms de tous
ceux qui font du même avis ;
mais vous ne ferez pas faché
d'avoir celui d'un homme qui
vivoit il y a treize cents ans :
Eumenius, dont je veux parler,
cet excellent Orateur né à Autun, dit dans le Panegyrique
qu'il fit pour rendre graces au
grand Conftantin des bienfaits
qu'Autun avoit reçûs de lui,
& qu'il commance par ces
mots : *Si Flavia Æduorum tan-*

dem æterno nomine nuncupata
facratiffime Imperator commove-
re fe funditùs, atque huc venire
potuiffet, &c. dans la fuite il
dit, qu'Autun eft fa patrie : *Vt*
igitur in prædicandis laudibus
patriæ meæ verecundia modum
fécit, &c. & finit enfin par ces
mots ; on fçait que vous êtes
le Maître & le Seigneur de toutes les Nations, de toutes les
Villes, & nous nous faifons un
extréme honneur de donner
vôtre nom à nôtre Ville, & de
lui faire quiter celui qu'elle
avoit anciennement ; car on
avoit nommée Bibracté juf-
qu'à prefent, *Julia*, *Polia*, *Flo-*
rentia, maintenant on la nomme la *Flavia* des Autunois : *Om-*
nium fis licet Dominus Vrbium
omnium Nationum, nos tamen
& nomen accepimus tuum, jam
non antiquum. Bibraƈte quidem

huc ufque dicta eft, *Julia*, *Polia*, *Florentia*, *fed Flavia eft civitas Æduorum* : Y a-t'il rien de plus formel que le paffage de cet Auteur qui êtoit d'Autun, quoique fils d'un Athenien, pour montrer qu'Autun & Bibracté eft la même Ville?

Mais avant de finir cette differtation, voyons ce que Monfieur du Chefne dit dans l'endroit que j'ai déja allegué, quand il parle de Beaune : Bref, dit-il, c'eft cette Ville, laquelle non tant abufée de l'opinion de certains étrangers qui traitent étrangement les affaires defquelles ils n'ont que groffiere connoiffance, & qui par un fçavoir témeraire, & pédantefque, ont ofé dire, qu'elle êtoit cette ancienne Bibracté de Céfar, *&c.* que comme fe fentant dépendance & Siége fubalterne

du Bailliage de Dijon, & à ce
moyen estimant que l'accessoi-
re dût suivre la nature de son
principal, a voulu depuis 50
ans disputer avec Autun de la
préséance aux Etats de Bourgogne.

Voilà Oronce Finé, Blaise
Vigenere, Jean Passerat, Char-
les Estienne, & tous ceux qui
ont suivi ce parti, bien payés
de leur Doctrine ; il faut sans
doute que l'Hôte de Monsieur
du Chesne lorsqu'il passa à
Beaune, si jamais il y a passé,
lui ait fait boire de mauvais
vin pour l'avoir mis en si mau-
vaise humeur.

Voilà bien des choses que vous
m'auriés épargné de dire, & à
vous de les entendre, si comme l'un de Messieurs vos pré-
decesseurs Commentateurs de
la Coûtume de Bourgogne,
vous

vous euſſiez mis dans vôtre
Commentaire, une liſte des Villes de cette Province, & que
vous euſſiez dit un mot de leur
origine & de leurs prérogati-
ves ; vous auriez bien mieux
débrouillé & éclairci cette pré-
tendûe obſcurité que je n'ai
fait, je l'ai fait toutefois, & ſuis
perſuadé de ce que j'ai ſoûtenu
& ſoûtiens encore.

J'alois finir quand j'ai reçû
avis, qu'on va réimprimer les
Ragguagli di Parnaſſo de Bocca-
lini, & qu'on verra dans cette
édition un Jugement d'Apollon
pardevant qui on s'êtoit depuis
peu pourvû contre l'Arrêt du
Parlement de Dijon rendu il y a
plus de ſept vingts ans ſur la
plaidoirie du fameux Pierre
Jehannin pour lors jeune Avocat, depuis Préſident au même Parlement, & enſuite Mi-

niftre d'Etat fous Henry I V.
& Loûis X I I I. Il gagna hau-
tement la prefféance de la Ville
d'Autun fur celle de Beaune
pour l'entrée aux Etats Gene-
raux de la Province de Bourgogne , ce qui ne fut décidé
que fur l'ancienneté & la grandeur des Villes : Par ce Jugement , dis-je , Apollon aprez
avoir demandé à Céfar de quelle Ville il avoit entendu parler,
quand il l'avoit nommée Bibracté , & que Céfar lui eut ré-
pondu , que c'êtoit de la capitale des Eduens , qui avoit eu
la complaifance pour l'Empereur Augufte fon neveu , &
fucceffeur à l'Empire, de fe nommer *Auguftodunum* : Apollon
dans fon Tribunal, en prefence
des Mufes & de tous les Auteurs
qui affifterent à fon Confeil, rendit fon Jugement en cette for-

te : Défendons à tous Historiens de quelque condition & qualité qu'ils soient de dire ni écrire, que Beaune ait jamais été la Bibracté de César, sous peine d'être déclarés perturbateurs du repos historique, & coupables d'erreur Géographique au premier chef encourûe *ipso facto*, pour la réparation de laquelle ils seront obligés d'éfacer avec l'éponge ce qu'ils auront si témerairement écrit, ainsi que les mauvais écrivains étoient obligés d'effacer leur mauvaises compositions devant l'Autel du Temple de Lyon.

Je suis,

MONSIEUR,

Vôtre trez-humble
& trez-obéissant
serviteur

A MONSIEUR
Derequelaine Conseiller au Parlement, Commissaire aux Requêtes du Palais à Dijon.

Ans l'invitation que vous m'avez faite, MONSIEUR, d'expliquer autant que je le pourrai, & que les conjectures le permettront, les figures & les inscriptions qui sont dans ma cour, elles y seroient demeurées long-tèms avant que j'en eusse eu la pensée : Mais, MONSIEUR, parce qu'on ne peut rien refuser à un homme comme vous, on se surpasse quelquefois pour tâcher de lui plaire ; & rien ne m'embarrasse

par cette raifon en ce que je vais
entreprendre, que de ce qu'il me
manque beaucoup de cette éru‑
dition profonde que vous avez
fur toutes fortes d'antiquités ,
& qui me feroit fi néceffaire en
cette occafion ; mais je compte
que puifque vous m'avez en‑
gagé en cette entreprife , vous
m'aiderés à éclaircir les en‑
droits les plus dificiles , & que
vous me fournirés les paffages
qui pourront fervir de preuve
à ce que j'avancerai.

Il me femble, Monsieur, pour
ne faire pas un plus long préam‑
bule , que ce n'eft point aller
au‑delà de ce qu'il faut, que de
dire , que ces figures font du
tèms du haut Empire ; & quoi
qu'elles ne foient ni finies à
beaucoup prez, ni de la déli‑
cateffe dont on travailloit à
Rome & dans l'Italie en ces

tèms là : Cependant comme j'ai trouvé dans un même lieu des inscriptions en trez-bon caractere romain , & que les figures dont je parle sont bien proportionnées , quoi qu'un peu grossieres pour l'ouvrage; il sera trez-aisé de conclure que les unes & les autres ont bien seize à dix-sept cents ans d'ancienneté , quand on sçaura de quel goût elles sont , & que je les ai tirées d'une des trente-trois tours que Gregoire de Tours qui écrivoit au sixiéme siécle , & qui a fait une description exacte de Dijon, dit que cette Ville avoit dans le circuit de son enceinte , cette Ville qui lui paroissoit si grande qu'il étoit étonné qu'on ne lui donnât que le nom de *Castrum. Quæ cur civitas non dicta sit , ignoro.*

Pour continuer ma preuve,
je suis obligé de vous dire , que
ces figures & ces inscriptions
ne servoient pas d'ornements
à la tour que j'ai démolie , parce que les unes étoient sur le
côté , les autres étoient sur le
dos , d'autres à la renverse ;
& qu'enfin ces piérres prove-
nant sans contredit de quelques anciens monumens qui
avoient été détruits ; on les
avoit employées de la maniere
qu'elles avoient été plus utiles
à la construction des tours qui
étoient dans l'enceinte de Dijon ; ce que je dis est si véri-
table , que Monsieur Fyot Abé
de Saint Estienne de cette Ville,
faisant travailler il y a deux ans
dans les Offices de sa maison
Abatiale , où l'on voit encore
le reste de l'une de ces tours;
les Ouvriers voulurent élargir
la

la place où ils travailloient , &
pour cela tenterent plufieurs
fois d'en arracher le moëlon &
d'en tirer une pierre d'environ
quatre piés de long fur deux
de large, qui étoit pofée en bou-
tiffe, ainfi que parlent les gens
du mêtier ; mais comme on eut
trop de peine à l'arracher , on
en caffa la partie qu'on avoit
dégagée aprez bien du travail,
dans laquelle fe trouverent en
bas relief, la tête avec les épau-
les & l'eftomac d'un homme &
d'une femme qui fe regardent,
& qui avoient êté mifes fur le
dos en bâtiffant , comme on
le verroit encore fi on arra-
choit le refte de cette pierre où
on trouveroit les cuiffes , les
jambes & les piés de ces figures , tant il eft vrai que ces figures ne fervoient pas d'orne-
ment à ces tours , & qu'elles

G

provenoient d'anciennes démolitions.

Si ces pierres viennent donc
de la démolition de quelques
anciens monumens; si les tours
dont parle Gregoire de Tours
étoient anciennes au sixiéme
siécle, & que les figures & les
inscriptions dont il s'agit soient
du goût de ce qui se faisoit dans
le haut Empire, on ne peut
les raporter qu'au tèms où les
Arts, quoiqu'ils ne fussent pas
en leur perfection dans les
Gaules pour la sculpture, ils y
avoient neanmoins introduit
de justes proportions pour les
figures, & des caracteres trez-
beaux pour l'écriture, & tels
enfin qu'on n'en voyoit pas de
meilleurs à Rome dans les inscriptions publiques ; ce qui
n'est pas difficile à croire, puisqu'il étoit aisé d'imiter les

caracteres que les Romains
avoient introduits par tout où
ils dominoient auſſi bien que
leur langue, au lieu qu'il étoit
infiniment plus difficile de
réuſſir pour la ſtatuaire.

L'Epoque de la démolition
de ces monumens anciens,
dont on ſe ſervit pour bâtir les
tours de Dijon, ſe trouvera
plus aiſément qu'on ne penſe,
ſi on veut ſortir de l'erreur où
on eſt, que cette démolition
ne fut faite qu'aprez le Martyre de Saint Benigne, & lorſque le Chriſtianiſme donna lieu
à détruire tout ce qui ſentoit la
Gentilité; car la tradition conſ-
tante du Martyre de ce Saint
fait trouver une contradiction
ſi formelle à cette penſée qu'on
ne peut les concilier ; puiſ-
qu'on tient que Saint Benigne
avant que d'être conduit au

G 2

Martyre fut tiré de l'une de ces
trente-trois tours où on l'avoit
enfermé avec des chiens affa-
més qu'on croyoit qui le dé-
voreroient ; ainfi les figures &
les infcriptions qu'on a trouvées dans ces tours qui avoient
été toutes bâties en même tèms,
ainfi qu'on le connoît par leur
conftruction, bien loin d'avoir
été tirées de démolitions faites
aprez le Martyre de Saint Benigne , elles avoient été employées dans ces tours bien au-
paravant que Saint Benigne ait
été martyrifé, puifqu'il avoit
été mis dans l'une de ces tours
avant que d'être. conduit au
Martyre; & on dit tous les jours
la Meffe dans cette tour qui
refte entiere , dont on a fait
une Chapelle , croyant hono-
rer la prifon de ce Saint Martyr
par la célebration du facrifice
de nos Autels.

Voyons à préfent en quel
tèms Saint Benigne fouffrit le
Martyre, & fi nous trouverons
qu'il ait été envoyé dans les
Gaules par Saint Polycarpe
Evêque de Smirne pour y prêcher la Foi environ 161 de Jesus-Christ; lorfque le zéle
que ce Saint Difciple de Saint
Jean l'Evangelifte avoit pour
l'Eglife, lui fit faire un voyage
à Rome pour régler plufieurs
chofes, & entr'autres pour tâcher de convenir avec le Pape
Anicet du jour auquel on cé-
lebreroit la Pâque; dans lequel
voyage s'êtant fait accompagner de plufieurs Ecclefiaftiques
qu'il avoit inftruits & formés
à la Religion Chrêtienne, il
en détacha Saint Irenée avec
plufieurs autres qui vinrent
dans les Gaules, & fe répandi-
rent comme des ruiffeaux d'u-

ne même source en differents
endroits pour y porter la Foi
de Jesus-Christ.

Or Saint Polycarpe ayant été
constament Disciple de Saint
Jean l'Evangeliste, ainsi que
nous en avons une preuve in-
vincible dans la lettre écrite
par Saint Irenée à Florin, qui
avoit aussi été Disciple de Saint
Polycarpe, où il lui dit entr'autres choses, *il me semble
que je lui entende dire* (parlant
de Saint Polycarpe) *de quelle
sorte il avoit conversé avec Saint
Jean & avec plusieurs autres
qui avoient vû Jesus-Christ*, &c.

Nous trouverons aussi que
Saint Benigne ayant été vraisemblablement un des Com-
pagnons de Saint Irenée, souf-
frit le Martyre à Dijon en 174
ou 175 dans la persécution
qu'on fit aux Chrétiens du tèms

de Marc Aurele ; autrement ſi l'on portoit le Martyre de Saint Benigne ſous l'Empereur Aurelien qui ne commança à regner qu'en l'année 270 & qui ne perſecuta les Chrêtiens qu'en 274 ; il faudroit que Saint Benigne qui avoit au moins trente ans en 161 , eut vêcu plus de 140 ans, ce qui n'a aucune aparence , tant à cauſe de l'acourciſſement de la vie des hommes depuis bien des miliers d'années , de ſes travaux Apoſtoliques qui ne s'acordent pas avec une ſi longue vie , que parce qu'on ne laiſſoit pas vivre en paix les Chrêtiens , encore moins les Prédicateurs de la Religion Chrêtienne.

Si on fait réflexion à ce qu'en dit Monſieur de Tillemont, il ſera aiſé de juger que Saint Benigne n'avoit guere que cin-

quante ans quand il fouffrit à
Dijon ; par confequent c'eft
fous Marc Aurele qu'il a été
martyrifé ; car il dit, que peu
de tèms aprez que Saint Benigne fut arrivé à Autun avec
Saint Andoche & Saint Thyrfe
fes Compagnons dans la maifon de Faufte, qui étoit d'une
famille illuftre & l'un des premiers Magiftrats de cette Ville,
& qui étoit Chrêtien en fecret:
Ce Faufte, dis-je, voulant pro-
curer à Simphorien fon fils,
qui n'avoit que trois ans, un
auffi grand bien que celui d'ê-
tre Chrêtien, il pria Saint Benigne de le bâtifer & Saint Andoche de le tenir fur les Fonds:
Ce Faufte avoit une fœur nommée Leonille qui demeuroit à
Langres ; & comme elle défi-
roit ardemment que les trois
petits fils qu'elle avoit devin-

fent Chrétiens ; Faufte aprez plufieurs années de féjour que Saint Benigne avoit fait à Autun , lui découvrit le deffein de fa fœur, ce qui détermina Saint Benigne à aller à Langres ; & pendant fon voyage Saint Andoche & Saint Thyrfe étant allé à Saulieu qui apartenoit à Faufte , ils y fouffrirent le martyre avec S. Felix , riche Marchand de Saulieu, qui les avoit retirés en fa maifon,& qui voulut être le Compagnon de leurs fouffrances & de leur bonheur.

Faufte & Simphorien fon fils âgé pour lors de vingt ans, ayant apris cette nouvelle , alerent d'Autun à Saulieu pour enterrer ces corps & leur rendre ce devoir comme à des Saints.

Saint Benigne étant revenu à Dijon prefqu'en même tèms y

fut martyrifé, & Leonille par reconnoiffance des obligations qu'elle lui avoit d'avoir inftruit & converti Speufippe, Eleufippe & Melafippe fes petits-fils, l'honorant d'ailleurs comme un Martyr de JESUS-CHRIST, vint le mettre dans le tombeau, dont elle fut recompenfée peu de tèms aprez, ayant reçû la couronne du Martyre avec fes trois petits-fils à deux lieûes de Langres.

A quoi on ajoûtera que la perfecution qu'on dit avoir été faite fous Aurelien n'eft pas une chofe bien conftante ; car comme cet Empereur mourut en 275, & que l'autorité de ces Princes ceffoit avec leur vie, il n'y a guere d'aparence qu'on ait executé aprez fa mort les Edits qu'ils avoit fait contre les Chrêtie ns.

Toutes ces conjectures seroient autant de convictions
sans contredits, si l'on étoit un
peu plus certain que Saint Benigne eût été envoyé dans les
Gaules par Saint Polycarpe.

J'ai déja dit, que ce Saint s'é-
tant fait accompagner de plusieurs Ecclesiastiques dans le
voyage qu'il fit à Rome auprez
du Pape Anicet, avoit envoyé
dans les Gaules Saint Irenée,
& il n'y a pas de vraisemblan-
ce qu'un Saint, qui par son zéle
pour la Religion Chrêtienne,
embrassoit pour ainsi dire toute la terre, se soit contenté d'en-
voyer un homme seul pour
prêcher la Foi dans un Pays
de grande étendûe, sans lui
donner des Compagnons, parmi lesquels Saint Benigne a
bien pû se trouver.

Et aprez que Saint Jerôme,

Beda , Ufuard ont fait mention
de Saint Benigne dans leurs
Martyrologes , que les Actes
de fon Martyre , l'Hiftoire de
fa vie & celle Saint Simphorien, que Baronius & tant d'autres ont parlé de Saint Benigne
martyrifé à Dijon fous Marc
Aurele : Si , dis-je , on pouvoit
douter aujourd'hui raifonna-
blement qu'il y eut un Saint
Benigne qui eût fouffert le Martyre à Dijon , je me rangerois
du parti de ceux qui ne le croi-
roient pas ; mais tous ces inf-
trumens hiftoriques , & une
tradition conftante concour-
rent fi fort à en établir la vérité qu'il faudroit tenir pour
faux mile chofes trez-vraies
dans l'Hiftoire qui ne font pas
apuyées de plus grandes preuves que celles-ci.

Monfieur Bouillaud prétend

impugner dans la differtation
qu'il a faite fur Saint Benigne,
que ce Saint ait êté Difciple de
Saint Polycarpe , & qu'il ait
êté envoyé par lui dans les Gaules avec Saint Irenée , puifque
ces nouveaux Apôtres n'y ont
pas introduit la coûtume de
faire la Pâque le 14 de la Lune
de Mars , à quoi Saint Irenée
s'êtoit fi fort attaché , fuivant
en cela l'inftruction de Saint
Polycarpe fon Maître , que
quand il en écrivit au Pape
Victor qui avoit deffein de fé-
parer de fa communion les
Eglifes d'Afie qui ne vouloient
pas faire la Pâque le jour du
Dimanche ainfi que le prati-
quoit l'Eglife de Rome , il l'in-
vite de laiffer les Eglifes d'Afie
dans une coûtume qu'elles tenoient des Apôtres , & que
Saint Jean & Saint Philippes

avoient obfervée , ajoûtant,
qu'il feroit mieux de fuivre
l'exemple du Pape Anicet &
de Saint Polycarpe qui avoient
êté de fentimens differens fur
ce fujet , & qui neanmoins
ayant jugé à propos, pour ne
pas troubler la paix de l'Eglife,
de ne plus infifter fur ce point,
avoient laiffé chaque Eglife
dans fon ufage ; voici les termes de Monfieur Bouillaud,
Satis probatum habemus ab Ec-
clefia & Epifcopo Romano potius
Miffum quam ab Smirnenfi Poly-
carpo , à quo ut jam diximus fi
Miffus fuiffet in Galliam haud
diffentiffet à Pafcatis celebratione.
Mais la réponfe qu'on doit
faire à cette objection eft, que
fi Saint Irenée & Saint Benigne n'ont pas fait fuivre cette pratique en France, où la
Religion Chrêtienne avoit été

établie en plusieurs endroits
avant leur arrivée, puisque
Saint Trophine Disciple de l'A-
pôtre Saint Paul gouvernoit
l'Eglise d'Arles, Saint Crescent
celle de Vienne, Saint Mar-
tial celle de Limoge, Saint Paul
celle de Narbone, & Saint
Denys l'Aréopagite celle de
Paris, ainsi que le font voir si
clairement, & si solidement,
Monsieur de Marca Archevê-
que de Toulouse dans la Lettre qu'il écrit à Henry le Valois qui est à la tête de l'Histoire Ecclésiastique d'Eusebe,
qu'il a traduite du Grec en
Latin avec des notes trez-sça-
vantes ; & le Pere Alexandre
Dominicain en sa dissertation
15 du premier siécle de l'E-
glise, l'y avoient déja établie
dez le premier siécle, c'est
que les Eglises des Gaules

qui fuivoient la tradition de Saint Pierre , & de Saint Paul, tous deux Martyrifez à Rome, & qui avoient envoyé les Saints dont je viens de parler pour établir la Foy dans les Gaules , n'auroient jamais fouffert que Saint Irenée , & S. Benigne euffent fait prendre une autre coûtume pour la célébration de la Pâque que celle que les Difciples de ces deux Apôtres y avoient établie , d'autant plus que Saint Irenée étant devenu Evêque de Lyon , & ayant préfidé à un Concile qui y fut tenu par treize Evêques des Gaules comme l'a raporté le Synodique , y vit déterminer qu'on feroit la Pâque le Dimanche aprez le 14 de la Lune , & comme le tèms de cette célébration n'êtoit qu'une chofe

chofe de difcipline, chacun
s'en tenoit à fon ufage.

Mais quand ont eût exa-
miné au Concile de Niçée,
les inconvenients qu'il y avoit
à faire la Pâque le 14 jour
de la Lune de Mars en quelque jour que la Fête tombât,
& entr'autres que les Lunes
pourroient tourner, de maniere qu'il arriveroit que l'on
feroit Pâque deux fois en une
même année, & que la Fête
ne s'en feroit pas l'année fuivante; ce Concile décreta que
la Fête de Pâque fe feroit par
tout le monde Chrêtien, le Dimanche qui tomberoit aprez
la pleine Lune qui fuivroit l'é-
quinoxe du Printemps.

Pour en revenir à prefent
à l'Epoque de la démolition
des anciens monuments dont
j'ay parlé, je penfe qu'il eft

H

nécessaire de remonter à la
fondation ou établissement
du *Castrum Diviorum*, *Divio-
nense*, *Divione* ou *Divionis*,
ainsi qu'il est nommé en differens Auteurs, & en plu-
sieurs Titres, & de le regar-
der comme une Ville qui doit
son nom & sa naissance à ce
qu'elle fut en son comman-
cement, je veux dire, à un
simple Camp des Romains:
On sçait que ces Conquérans
de presque toute la terre use-
rent de tous les moyens pos-
sibles pour se conserver leurs
conquêtes, & qu'il mirent
en œuvre la douceur aussi
bien que la force. Car
donnoient des Privileges, &
des Exemptions à quelques-uns
des Peuples qu'ils avoient
soumis; des autres ils s'en faisoient des alliez comme de

ceux d'Autun , & de Reims
dans les Gaules , & par ce
moyen ils trouvoient toû-
jours des gens dans leurs in-
terêts & attachés à leur fortune , ce qui leur procuroit
des secours sur les lieux quand
il y arrivoit, des révoltes ,
comme il en arrivoit fréquem-
ment dans les Gaules qui ne
pouvoient souffrir le joug des
Romains : Mais comme les
seules forces des alliez n'auroient pas toûjours été suffi-
santes , & que d'ailleurs les
Romains n'y avoient pas une
entiere confiance , ils furent
obligez d'y faire des Camps
en differens endroits où ils
envoyoient des Troupes Ro-
maines : Et si quelque endroit
demanda particuliérement un
Camp, ce fut assurement celui où Dijon est situé , par-

ce que ce poſte eſt entre les
Eduens ou Autunois, & les
Sequanois ou ceux de la Franche-Comté, leſquels à la faveur des ſecours qu'ils ti-
roient des Helvétiens, & des
Allemands, ayant quelques-
fois battu les Eduens juſqu'à
leur détruire une partie de
leur Nobleſſe, & de leur Se-
nat, il étoit de l'interêt des
Romains de réprimer les Sequanois, & par le moyen de
ce Camp, il les retenoient en
effet, & mettoient en même
tèms les Eduens en ſureté:
ce fut aparemment Jules Céſar qui avoit toûjours bien
des vûes en tout ce qu'il fe-
ſoit, & porté d'inclination
pour les Autunois qu'il vouloit garantir des inſultes de
la Franche-Comté; & voyant
d'ailleurs combien il impor-

toit aux Romains de se conserver un Peuple si puissant, qui fit faire le Camp de Dijon aprez avoir achevé de soûmettre les Gaules : Il y envoya huit Legions en quartier d'hiver, quatre dans la Belgique sous le commandement de Caïus Trébonius, & quatre dans le Pays des Eduens sous Caïus Fabius, *ipse exercitum distribuit per hiberna, Caïum Trebonium eum legionibus quatuor in Belgio collocat, Caïum Fabium eum totidem in Heduos deduit, sic enim existimabat tutissimam fore Galliam, si Belgæ quorum maxima virtus, & Hedui quorum summa esset autoritas exercitibus continerentur : lib. 8 Comm. Cæs. de Bello Gallico* : Or comme cette Belgique comprenoit proprement ce que nous apellons

aujourd'huy la Picardie , il
comprit par les raiſons que
nous venons de dire l'endroit
où eſt Dijon parmi les Eduens;
& fit paſſer l'hiver à une
partie de ſes Légions dans ce
Camp avec les Troupes de ſecours dont nous parlerons
par la ſuite ; car les Romains
ayant pour maxime inviolable
de mettre toûjours en ſeureté
leurs Troupes , ils les faiſoient
auſſi toûjours camper dans un
Camp fermé : Ce Camp étoit
de forme quarrée , ayant quatre portes qui répondoient au
milieu du Camp où l'on plan-
toit les Enſeignes , afin que les
Soldats accoûtumez à cette
maniere de camper reconnuſ-
ſent du premier coup d'œil
leurs quartiers , & les endroits
deſtinez à leur Tréſorier , au
Magazin des Armes , & aux

autres chofes néceffaires aux
Soldats.

On agrandiffoit l'efpace du
Camp à proportion des Troupes qu'il devoit contenir, &
Dijon a encore aujourd'hui
dans l'étendûe de la Paroiffe
Saint Médard, cette forme
quarrée qui faifoit fon ancienne enceinte, ces quatre portes aux quatre parties du monde, avec l'étendûe de prez
d'onze cents pieds de long,
& d'onze cents pieds de large,
comme les avoient ordinaire-
ment les Camps d'un Préteur
fuivi d'une Légion, & des
Troupes auxiliaires, que les
alliez avoient coutûme de
donner en pareilles ocafions,
ainfi que Polibe l'a d'écrit;
d'où Guillaume du Choulx
dans fa caftrametation des Romains, & Jufte-Lipfe dans le

lieu que nous en raporterons l'ont tiré, & en ont fait un plan fort exact pour une Légion, les Troupes des alliez, & le secours extraordinaire.

Ces Camps n'étoient fermez que d'une palissade, & d'un Fossé quand on ne les faisoit que pour un peu de tèms, ou pour l'Eté seulement ; mais lorsqu'il falloit y passer les Hivers on y batissoit des maisons solides, au lieu que lorsque ce n'êtoit que pour un Eté, les Soldats n'y êtoient à l'abri, que sous des peaux de bêtes qui leur servoient de Tentes : C'est ce qu'on voit dans ce passage de Tite Live, livre 38, *instar hiemem aut sub pellibus milites habendos fore, aut si concedere in hibernà vellent, differendum in æstatem bellum*, & dans ce

que

què dit Cefar au 3. livre de
fes Commentaires , *hujufmodi
tempeftates confecutæ funt , ut
continuatione imbrium diutius
fub pellibus milites contineri non
poffent , itaque exercitum Cæfar
in hibernis collcavit* , Lipfe
dans fon Traité , *de milita Ro-
mana* livre 5. chapitre 1. con-
firme ce que j'ai dit de ces
maifons qu'on bâtiffoit dans
les Camps où on devoit paffer
les Hivers , & il encherit comme vous le verrez par ce qui
fuit , *imo revera inftar Oppidorum fæpe ftruebantur præfertim in finibus Imperii & ubi
perpetuæ ftationes & prætenturæ
contra hoftem : Tale in Euphra-
tis , Danubii , Rheni noftri ripa,
& hæc ea origo & genitura no-
bilium aliquot hodie Oppidorum:*
Voilà à mon avis ce qui a donné lieu à faire le *Caftrum Di-*

I

vionenſe, & ce qui l'a fait devenir une Ville ; je veux dire, l'endroit où il eſt placé, le long ſéjour qu'il faloit que les troupes y fiſſent , & la néceſſité de fermer ce Camp d'une muraille trez-forte , auſſi étoit-elle bâtie depuis les fondemens juſqu'à la hauteur de vingt piés de groſſes pierres de taille de deux à trois piés en quarré , & par deſſus de dix piés de moëlon & de 15 piés d'épaiſſeur dans les fondations : *Murus vero illius de quadris lapidibus uſque in viginti pedes , deſuper à minuto lapide ædificatus habetur , habens in altum pedes, trigenta in latum pedes quinderim , quæ cur non civitas dicta ſit, ignoro.* Greg. de Tours liv. 3 Hiſtor. Franc. chap. 19.

Il y a ici une réflexion à faire , qui eſt , que cette en-

ceinte bâtie comme Grégoire
l'a décrit ne pouvoit pas être
la premiere de Dijon, puisque l'on trouve dans les démolitions de la seconde des
sculptures, & des inscriptions
qui n'y étoient pas mises pour
l'orner, & que l'on a été obligé
de rompre la premiere pour bâtir l'enceinte de ses démolitions
dont parle Gregoire de Tours;
ce qu'il est aisé de conclure,
parce que comme je l'ai déja
dit, la derniere est bâtie de démolitions, & que l'Empereur
Marc Aurele étant à Dijon
lorsqu'il passa de là dans la
Franche-Comté pour aller la
troisiéme fois contre les Mar-
comans, il vit, ainsi que le portent les Actes du Martyre de
Saint Benigne, les nouveaux
murs dont on envelopoit Dijon, *ut videret novos muros*

quos conftruxerant , voilà le
tèms aprochant de la démolition de ces monumens anciens , c'eft à dire peu avant
ou du tèms que Marc Aurele
vint en Gaule. Par quel ordre
avoit-on bâti ces nouveaux
murs? on ne peut douter que ce
ne fût par l'ordre de cet Empereur ; auffi vint-il à Dijon pour
les voir , *ut videret* , ce qu'il
avoit ordonné felon toutes les
aparances pour rendre la Ville
plus forte en y faifant toutes
les tours dont parle Gregoire
de Tours , afin de fervir dans
le befoin d'une place forte qui
contint les Comtois & arrêtât
les courfes qu'ils faifoient à la
faveur des Allemans que cet
Empereur alloit affujettir entierement en défaifant les Mar-
comans qui étoient l'un de
leurs Peuples : Et comme ces

tours & cette enceinte n'a-
voient pas été faites en un
jour,ainſi que les murs de The-
bes, dont les Poëtes diſent que
les pierres montoient les unes
ſur les autres au ſon du violon;
il eſt à croire lorſque Marc
Aurele y vint, qu'il y avoit
déja pluſieurs de ces tours bâties , & entr'autres celle où fut
enfermé Saint Benigne.

Comme l'on ne doit pas
douter du voyage de Marc Aurele par la Comté, puiſque Jule
Capitolin, l'Hiſtorien de ſa vie,
dit qu'il y apaiſa par ſes repro-
ches & ſon autorité les tu-
multes qui s'y émouvoient,
*res etiam in Sequanis turbatas
cenſura & autoritate repreſſit*,
il eſt aiſé de croire qu'il avoit
paſſé par Dijon qui eſt voiſine
du Comté.

Outre ces preuves de l'anti-

quité de Dijon , puisque Marc
Aurele qui l'a fait rebâtir vivoit au second siécle , les monumens qui sont dans ma cour,
& tous ceux qu'on voit en plusieurs autres maisons étant de
même goût & tiré des tours
qui ont été démolies depuis
deux cents ans ; comme les figures qui sont dans le jardin
de Monsieur l'Abé Fyot ; l'ar-
cher avec son arc & son armu-
re dans la cour de Mr. le Conseiller Dumay ; l'augure avec
sa cage , ses oiseaux, & les cou-
teaux servans aux sacrifices,
chez Monsieur le Conseiller
Thomas ; deux bustes sous une
fenêtre de la maison de fut Mr.
le Maître des Comptes de Ri-
card , qui donne sur le jardin;
d'autres bustes ; des autels ronds
avec des inscriptions incrustés
dans la muraille du jardin de

Monfieur le Tréforier de Chan-
renault ; les deux infcriptions
qui font dans ma cour , & une
troifiéme qui fut tirée des fondemens de la tour que je démolis , & qui ayant été tranf-
portée au Village de Coutar-
non dans la maifon de Monfieur le Confeiller Delamare
fut incruftée dans la muraille
de fon jardin où on voit ces
mots en trez-beaux caraĉteres
romains SENTRVS SE-
CVLARIS FILIVS SIBI
VIVVS FECIT MONV-
MENTVM HOC ET
CASSIOPÆ VXORI
CARANTILLO ACT.

Ces pierres , dis-je , prouvent
affez par les raifons que j'ai
dites , & celles que je dirai par
la fuite , que Dijon eft ancien
de plus de dix-fept cents ans.

Les deux premieres infcriptions qui font comme cette troifiéme en trez-beaux caracteres romains , font deux épitaphes ; l'une entiere qui ne contient que ces mots.

```
S C A T N I L L A
S E N I L I S   F I L
    S. L.
```

L'autre qui eft rompûe par les côtés & par le bas, a ces mots dans fa corniche, & au deffous dans la face.

```
ETERN   AE   MAINT
```

```
ANDIDIÆ  PATERNÆ  SOCRÆ
FSTITVTVS. VET. LEG. XXII. P
```

Cette derniere épitaphe mife à la mémoire d'Andidia Paterna par Reftitutus Veteran de la vingt-deuxiéme légion, ne fait-elle pas une preuve convaincante qu'il y avoit dez le haut

Empire des Soldats de Légion dans le *Caftrum Divionenfe*? où ils faifoient leur demeure, puifque celui-ci eut l'occafion & le tèms d'y ériger un monument à Andidia Paterna.

Voyons à prefent fi je pourrai apuier mes conjectures fur les monumens que j'ai raportés.

Vous fçavez mieux que perfonne, Monsieur, vous qui connoiffez fi bien les fiécles anciens, en quelle décadance tomberent les baux Arts avant le régne du Grand Conftantin; ce riche médailler que vous avez amaffé, où on voit les médailles de cet Empereur qui font en beauté bien au deffous de ce qui fe faifoit en pareils ouvrages dans les fiécles précedans, ne le fait que trop connoître; la fculpture, la pein-

ture & l'écriture devinrent pi-
toyables, & l'on ne voit même rien de beau en l'arc de
triomphe qu'on érigea dans
Rome à l'honneur de cet Empereur que ce qu'on détacha
de celui de Trajan pour orner
celui-ci ; les caracteres dont les
Romains se servoient n'eurent
pas un meilleur sort ; le genie
des habiles Ouvriers les avoit
suivis dans le tombeau, il en
fut des Arts comme de l'Empire ; l'un étant parvenu à la
supréme grandeur , les autres
à la perfection ; il falut peu de
tèms aprez déchoir , & il ne
resta plus dans le monde que
des esprits & des mains parali-
tiques , si l'on peut parler ainsi ; les uns pour commander,
& les autres pour l'execution
des Arts : Tous les ouvrages
du troisiéme , du quatriéme

siécle & d'un grand nombre qui suivirent, ne font qu'une preuve trop conftante de cette vérité, & la réfurrection, ou pour dire mieux, le rétabliffement de la belle peinture, de la fculpture & de la belle écriture n'eft arrivé que depuis environ trois cents ans.

Si cela eft, comme on n'en peut pas douter, & que j'aye déterré des figures & des infcriptions qui êtoient faites avant la décadence des beaux Arts, & que je les aye tirées de l'enceinte de l'ancien Dijon, où aprez avoir été tirées d'anciens monumens démolis, elles avoient été employées à la vûe de Marc Aurele qui régnoit au milieu du fecond fiécle ; peut-on dire que je n'aye pas raifon de croire qu'elles font du tèms du haut Empire ? ces infcrip-

tions dont j'ai parlé font en
trez-beaux caracteres romains,
neanmoins on n'écrivoit plus
bien du tèms de Conftantin ;
ces inscriptions n'ont pas été
faites depuis le rétabliffement
des beaux Arts, puifque je les
ay tirées d'une tour qui étoit
ancienne il y a plus d'onze
cents ans, il eft donc naturel
de conclure qu'elles font du
tèms du haut Empire & bien
avant que Conftantin fut Empereur.

Je penfe que le bufte que
vous voyez ici d'un homme
âgé qui a une robe prétexte, ce
qui fe reconnoît à la large bor-
dure de fa robe, & qui lui en-
toure le col, d'où il lui tombe
une bulle fur la poitrine, pourroit bien être ce Sentrus dont il
eft parlé dans cette infcription,
qui eft à prefent chez Mr. le

105

Conseiller de Lamare ; car encore qu'on voie quantité d'inscriptions raportées par Gruter, par Spon & par d'autres , des particuliers qui avoient fait faire leurs tombeaux pendant leur vie.

Il me semble qu'il y a en ceci quelque chose de different, car tous les accompagnemens dont nous parlerons ne concernent pas un tombeau, & il faut qu'une personne qui fait faire de son vivant pour lui & pour sa femme un monument de la façon de celui-ci, ait eu quelque chose d'illustre en ses actions qui l'ait pû autoriser de se dresser ce monument ; Car tout élevés que fussent les Empereurs , & ceux à l'honneur desquels on dressoit des arcs de triomphe, ou d'autres monumens considerables, ce n'êtoit pas eux qui les faisoient faire, ce foin demeuroit aux Officiers publics qui avoient toûjours affez de reconnoiffance ou de flaterie pour n'y pas manquer.

Or Sentrus ne pouvoit avoir rien fait de plus grand & de plus confiderable que d'avoir défait l'ennemi & d'en avoir triomphé, auffi en portoit-il la marque par la bulle qu'on lui voit fur la poitrine; car Macrobe parle en ces termes de la bulle au premier livre des Saturnales chapitre fix : *Nam ficut prætexta Magiftratuum, ita bulla geftamen erat triumphantium quam in triumpho præ fe gerebant, inclufis intra eam remediis quæ crederent adverfus invidiam validiffima.*

Les enfans des Nobles prenoient la robe virile à l'âge de

17 ans , & quittoient pour lors
celle qu'on apelloit prétexte
avec la bulle faite en forme de
cœur, qu'ils avoient au col &
qu'ils attachoient à leurs Dieux
Lares lorsqu'ils la quittoient:
*nonnulli credunt jugenvis pueris
attributum ut cordis figuram in
bulla antepectus annecterent ;
quam inspicientes ita demum se
homines cogitarent, si corde prasta-
rent : Togamque pratextam his
additam , ut ex purpura rubore
ingenuitatis pudore regerentur.
Macrob ibidem.* *

Mais quand on la conser-
voit dans un âge avancé, elle
servoit à faire connoître que celui qui la portoit avoit triomphé, puisqu'elle étoit *gestamen
triumphantium.*

Ce même Sentrus n'étoit

---

* *Cum primum pavido custos mihi purpura
cessit*
Bullaque succinctis Laribus donata pependit.
Pers. Satyr. 5.

pas riche feulement en hon-
neurs, il l'étoit en biens de la
fortune, puifqu'il avoit à fon
fervice une famille d'Efclaves,
à laquelle il avoit prépofé ce
Carantillus comme fon Intendant, *Carantillo actore*.

L'infcription que je vous ai
raportée n'eft pas la feule où il
foit parlé de ce Carantillus,
ainfi que vous allez le voir. Il
y a plus d'un fiécle que Mef-
fieurs les Jefuites, dont je ne
fuis féparé que par un mur mi-
toyen, faifant bâtir, furent
obligés de démolir quelque peu
de l'enceinte du *Caftrum Divionenfe*, & ils trouverent dans
cette démolition l'infcription
fuivante.

I. O. M. g. FORTVNÆ
REDVCI PRO SALVTE
ITU ET REDITV FL.
TIB. VEERIS. N. CA-

RANTILLUS SERV.
ACTOR EX VOTO
POSUIT. V. S. L. M.

Ce qui donna lieu à Mr. Richard Avocat au Parlement de Dijon de faire une sçavante differtation intitulée *Joannis Richardi antiquitatum Divionenfium & de Statuis noviter Divione repertis in Collegio Godraniorum liber*, à laquelle je renvoie le Lecteur curieux, comme à celle de Mr. Moreau de Mautour Auditeur en la Chambre des Comptes de Paris, qu'il a donnée dans le Journal de Trevoux du mois de Janvier 1707, fi l'on veut être pleinement inftruit des devoirs de l'Efclave, Agent ou Intendant de la maifon de fon Maître.

Il femble que ce Carantillus ait apartenu à deux perfonnes differentes, car dans cette der-

K

niere inscription il est parlé
d'un Flavius Tibere, qui aparament avoit promis un voyage, & qui pour donner une
marque qu'il y avoit satisfait,
& s'aquiter en même tèms de
son vœu, se sert de Carantillus pour faire placer ce monument.

M. CARANTILLVS
SERV. ACTOR EX
VOTO POSVIT VOTO
SOLVTO LOCAVIT
MONVMENTVM.

Monsieur Richard dit encore, que sur le point de finir sa
dissertation, on l'avertit qu'on
venoit de tirer de terre une
pierre qui representoit Carantillus dans une niche, avec cette inscription en demi cercle,
)IANUS CARANTIL.
Et qu'un moment aprez on
tira du même endroit d'autres

pierres ou étoient reprefentez les Efclaves qui fervoient fous Carantillus : Dans les unes on voyoit deux Efclaves, en d'autres trois ; en une deux fervantes ou filles efclaves tenant en la main droite une boëte de Parfums , & portant de la gauche des panetieres pleines de fruits & de confitures.

Ne vous étonnez pas de voir ces filles efclaves avec des boëtes de Parfums , & de Pomades , c'eft qu'il s'agit ici du mariage de Sentrus , & de Cafiopea , & c'eft pour coiffer leur maîtreffe que ces filles préparent ces Parfums ; car ce Seigneur Sentrus étoit un peu uxorius à ce qu'il me femble , puifqu'il a fait faire un monument de cette forte pour lui , & pour Cafiopea fa femme ; & comme tout ce qui les re-

K 2

gardoit tous deux lui plaisoit
fort , il voulut aparemment
qu'on representât leur mariage
dans des pierres qui en parle-
roient toujours : Ce qui paroît dans une pierre de quatre
pieds de haut sur deux de large , dans laquelle comme dans
une niche , on a representé
une femme & un homme qui
se donnent la main, & entr'eux
un enfant qui tient un cœur
de la main droite, & de la
gauche le Lituus ou bâton
augural , à travers la courbu-
re duquel les Augures remar-
quoient les regions du Ciel
qu'ils désignoient dans leurs
cerémonies ; & de l'autre bout
du bâton ils fouilloient dans
les entrailles des victimes : Cet
enfant est aparemment le Dieu
Himenée, ce qui fait connoître qu'on n'avoit manqué a

117

rien dans ce mariage, puisqu'on avoit consulté les Augures.

Veniet eum signatoribus auspex. Juvenal Sat. 10.

La pierre où l'on voit deux demies figures represente deux jeunes hommes, dont l'un tient un coffret qui paroît plein de petites pieces rondes qui font, comme je crois, les pains d'encens qu'on brûloit dans les sacrifices & qui font dans ce coffret apellé *acerra*.

Dans le même tèms que l'Architecte qui bâtissoit ma maison, s'avisa de disposer à mon insçû de l'inscription de Sentrus, il m'enleva une pierre de trois piés de haut & autant de large, sur laquelle on avoit representé un Autel rond & deux demies figures depuis la ceinture en bas qui étoient à côté de cet Autel , & qui aparament êtoient celles qui faiſoient le ſacrifice.

Comme Sentrus ne voulut pas que rien manqûât à ſon triomphe & à ſes nôces , on voit dans une autre pierre deux hommes vêtus de court , qui ont chacun un foüet de Cocher en la main gauche , & ſoûtiennent tous deux de la droite une panetiere , dans laquelle on leur avoit mis une couronne de fleurs pour le prix qu'ils avoient gagné à la courſe des chariots.

Munera principio ante oculos , circoque locantur.

In medio Tripodes , virideſque coronæ

Et palma pretium victoribus.

Virg. Æneïd. lib. 5.

Quique armis ferroque Valent, quique arte regendi

*Quadrijugos pollent currus, quis
    vincere planta*
*Spes est , & studium jaculis im-
    pellere ventos*
*Adsint , & pulchra certent de
    laude corona.*
Sil. Italicus lib. 16.

   Sont-ce des Esclaves ? sont-
ce des hommes libres ? Ce n'est
point l'habit qui en décidera,
cet habit est court & semble
avoir un capuchon qui doit
tomber par derriere comme
dans les capes de Bearn , &
dont l'entrée qui est large fait
plusieurs plis autour du col. *Ex
quo apparet lacernas cum cucul-
lo sumptas communes servorum
& ingenuorum esse.* Ferrarius
de re vestiaria lib. 1. part. 2.

   Ce même habit ne paroît pas
s'ouvrir en devant & se fermer
avec un crochet, qui seroit une
sorte de robe apellée *pænula* :

Voici ce qu'en dit le même Ferrarius. *Verisimilius est pænulas
lacernis breviores, fuisse vesti-
mentum scilicet viatorium, equi-
tanti accommodatum, lecticariis,
cursoribus, & id genus homini-
bus aptum. Quidquid sit mag-
num in eo totum discrimen erat,
quod lacerna aperta & quæ fibula
nectebantur, pænula clausa fuerunt rotonda, quaque toga instar corpori injicerentur, illudque
ambirent, nisi quod strictiores
erant & breviores. Præterea cum
in toga dextrum brachium exe-
reretur pænula utroque brachio
subduceretur:* Aussi ce vêtement
a-t'il deux manches.

Dans une autre pierre de la
même grandeur, c'est à dire de
quatre piés de haut sur deux
de large, on voit dans une
niche la figure d'une femme &
celle d'un homme, toutes deux
vêtûes

vêtûes de longues robes, &
l'homme y portoit une toge,
car pour avoir le bras & la
main gauche libre il en retrouſ-
ſe le pan du même côté avec le
bras qu'il paſſe pardeſſous le
bord du bas de la robe, ce qui
fait une ouverture qui reſſem-
ble à un compas, ainſi que
l'exprime Ferrarius : La femme
ſemble avoir pardeſſus ſa tuni-
que un manteau : *Dicitur tuni-*
ca veſtimentum ſcilicet interius
cui toga aut pallium, aut alia
ſuperior veſtis injiceretur. Idque
tam virile quam muliebre, &c.
Proprie tamen tunica virorum
fuit, ſtola feminarum. Ferrarius
lib. 3.

Je n'ai plus à vous parler que
de cette figure barbue qui tient
de la main droite un cornet à
mettre des dez, & de la gauche une bourſe.

Si le fameux Monſieur Au-
zont paſſant par Dijon pour le
dernier voyage qu'il fit à Rome,
ne m'eût dit qu'il croyoit que
cette derniere figure étoit un
Mercure , j'aurois eu peine à
me l'imaginer , la voyant habillée d'une robe qui lui tombe
juſqu'à la moitié des jambes , &
une aſſez groſſe barbe, car on re-
preſente Mercure preſque tout
nud, & ſous la figure d'un jeune homme ; mais quand un
auſſi habile connoiſſeur en toutes choſes m'eût donné cette
notion, je ne la perdis pas , &
peut-être qu'il n'y aura pas trop
de difficulté à le prouver, par
ce qu'en dit Pauſanias livre 7
de *Achaïca. Pharæ Achaorum
oppidum , &c. Fori area magno
& patenti ambitu eſt quo ſcilicet
ſpatio eſſe conſueverunt priſco-
rum fora. In medio Mercurii*

marmoreum signum cum barba,
è quadrata basi eminens modica
magnitudine.

Le même Auteur dit , *At*
Mercurius arietem sub ala por-
tans galea caput armatus , idem-
que amictus tunica & chlamide:
Voilà , Monsieur, ce qui
montre d'une part que Mercure êtoit quelquefois habillé , &
d'autre part qu'on le repre-
fentoit avec de la barbe ; la
coûtume n'êtoit pas moins établie de reprefenter Apollon fans
barbe & fans vêtement ; cependant Lucien dans la def-
cription du temple de la Déeffe
de Syrie , raporte qu'on y
voyoit la ftatûe d'Apollon avec
de la barbe , & qu'elle êtoit
habillée : Quant au cornet que
tient Mercure , on peut l'expliquer par ce que Plutarque
dit dans fon traité d'*Ifis & d'O-*

siris, où racontant leur histoire,
il dit que Mercure joûant aux
dez avec la Lune, il lui gagna
la soixante-dixiéme partie de
chacune de ses illuminations,
dont il fit cinq jours qu'il ajoû-
ta aux 360 qui composoient
l'année.

La bourse ne fait pas moins
connoître qu'il êtoit le Dieu
des Joûeurs que le Dieu des
Marchands ; de sorte que ces
hieroglyphes dénotent assez
que c'est un Mercure : Et comme les Gaulois avoient une sin-
guliere veneration pour cette
Divinité, ils en avoient des
representations sous diverses
figures ; le passage de César
dans son livre 6 de la Guerre
des Gaules vous le persuadera
sans doute. *Natio est omnium
Gallorum admodum dedita Reli-
gionibus, &c. Deum maxime*

Mercurium colunt. Hujus funt plurima fimulacra. Hunc omnium inventorem artium ferunt. Hunc viarum atque itinerum ducem. Hunc ad quaſtus pecuniæ Mercaturaſque habere vim maximam arbitrantur. Suidas dit auſſi qu'on lui donnoit une bourſe lorſqu'il parle du Dieu Hermes, qui eſt comme vous ſçavez le même Dieu que Mercure : *Lucri quoque autorem & Mercatorum inſpeƈtorem faciunt: Eaque de cauſa Marſupium illi tradunt.*

Quoique le gain fait dans le jeu ne ſoit pas auſſi légitime que celui qui ſe fait dans le commerce, c'eſt toûjours un gain, & puiſque Mercure êtoit le Dieu qu'on invoquoit pour gagner, il pouvoit bien être la Divinité à laquelle les joûeurs adreſſoient leurs vœux les plus ardens.

Il eſt tèms, Monsieur,
de finir nôtre courſe, puiſque
la voiture eſt prête & que les
chevaux ſont attelés, je veux
vous parler de ce chariot à
quatre roües, ſur lequel on a
mis un grand & long panier
d'oſier entrelaſſés, dans lequel
vous voyez un homme qui
tournant le dos aux chevaux &
apuyant la main gauche ſur le
bord de ce panier, leve la droite comme s'il parloit en paſſant & faiſant quelques geſtes:
Ce panier en langue Gauloiſe
ou Celtique, ſe nommoit une
benne: *Benna*, dit Feſtus, *lin-*
guâ Gallicâ genus vehiculi apel-
latur unde vocantur combennones
in eadem benna ſedentes : Je penſe que nos coches qui étoient
tout d'oſiers il y a quelques
années, doivent leur origine à
cette ſorte de chariots des Gau-

lois, & ce que nous en avons
retenu en ce Pays ici, c'eſt de
nous ſervir de ces bennes pour
mettre le charbon qu'on apor-
te vendre dans nos Villes.

PErmis d'imprimer. Fait à
Dijon ce 25 Novembre
1710. *Signé*, CLOPIN.

www.ingramcontent.com/pod-product-compliance
Lightning Source LLC
Chambersburg PA
CBHW050024100426
42739CB00011B/2776